第Ⅰ部 木版刷りの中の文字を読む

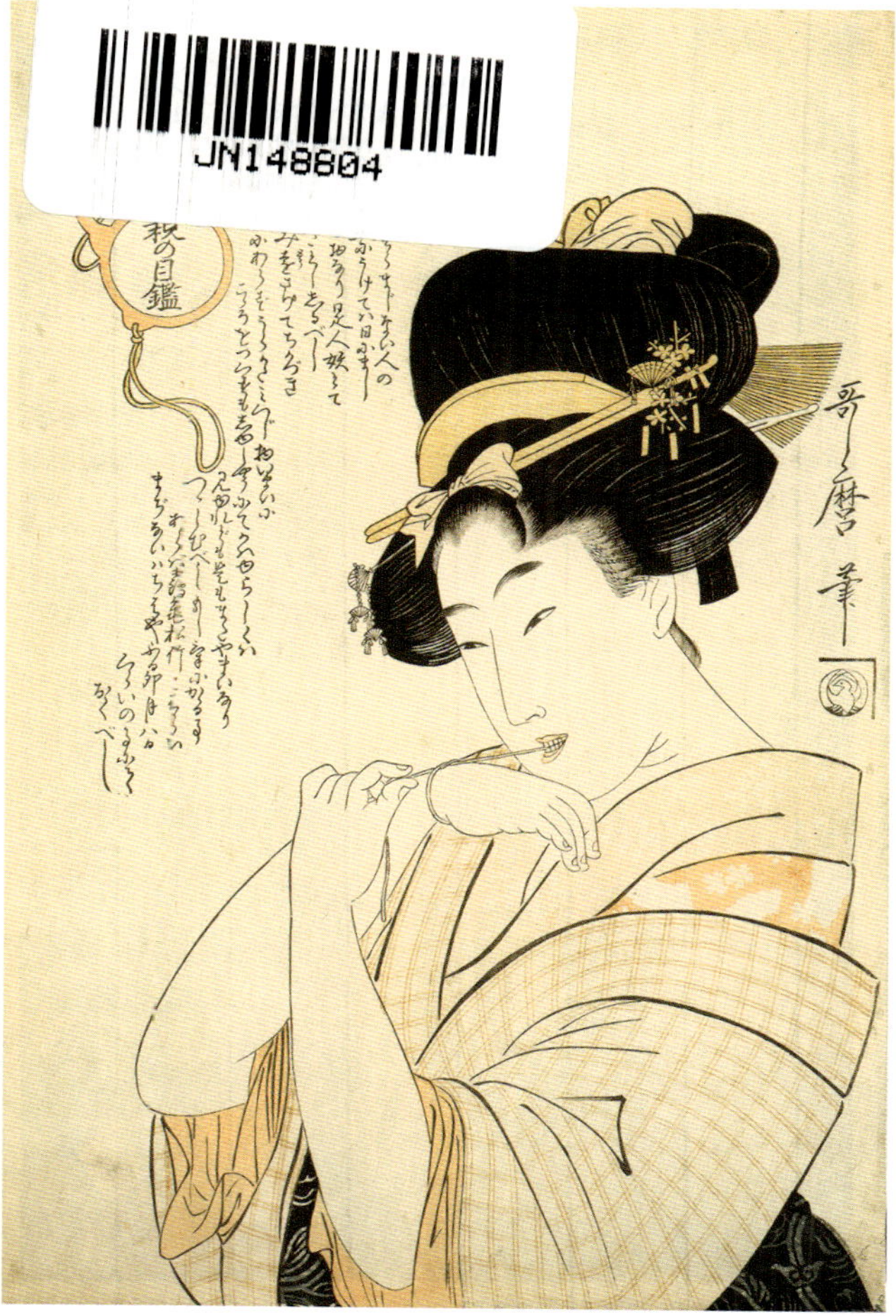
親の目鑑
哥麿筆

浮世絵「教訓 親の目鑑　正直者」 喜多川歌麿 〈本書18ページ〉

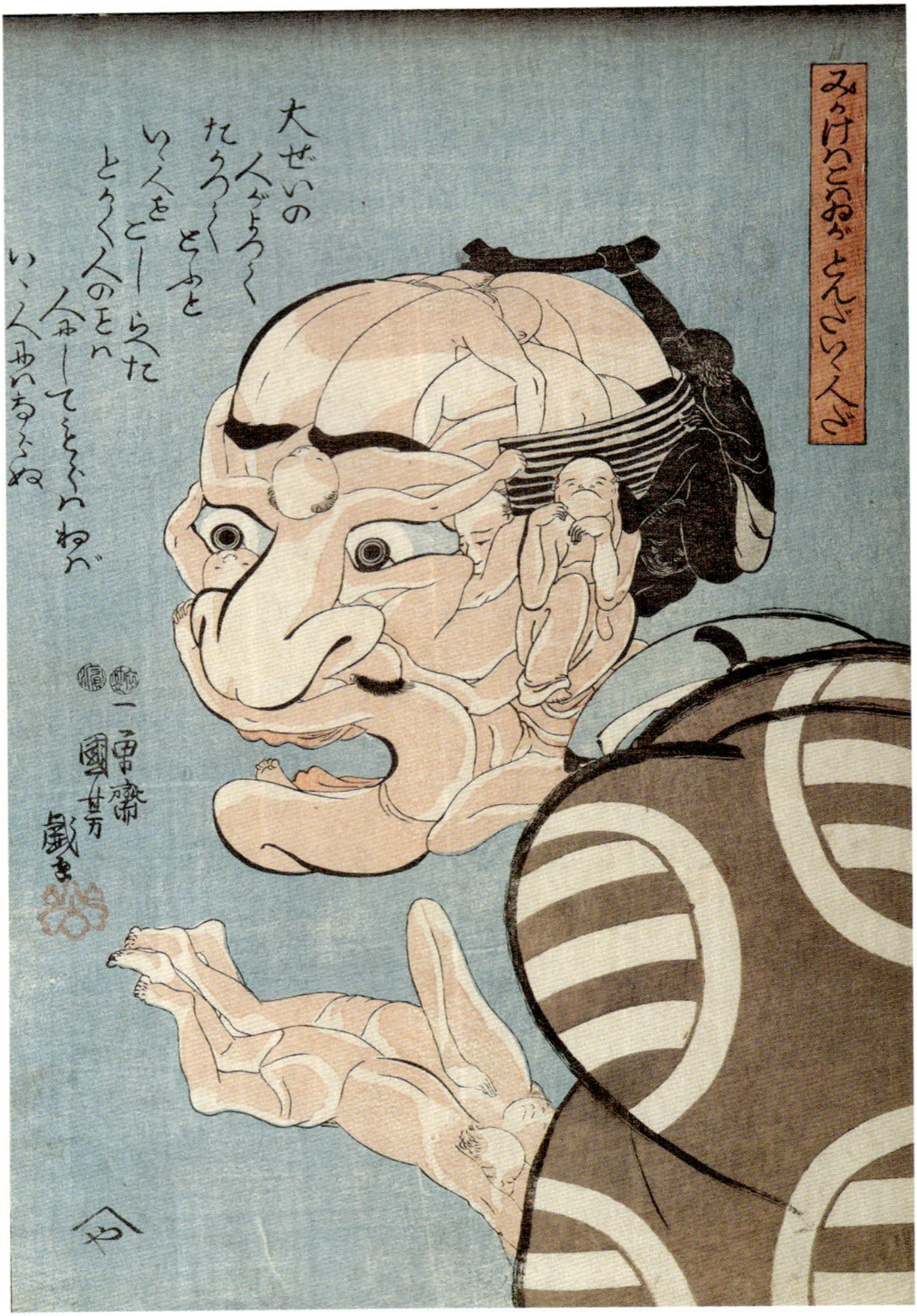
みかけハこハゐがとんだいゝ人だ

寄せ絵「みかけハこハゐがとんだいゝ人だ」　歌川国芳　〈本書26ページ〉

誠忠義士傳
大星由良之助
良雄
万山不重君命重
一髪不軽我命軽
應需 一筆斉誌

「誠忠義士伝　大星由良之助」　歌川国芳　〈本書30ページ〉

第Ⅱ部　天皇の「宸翰（しんかん）」の世界にふれる

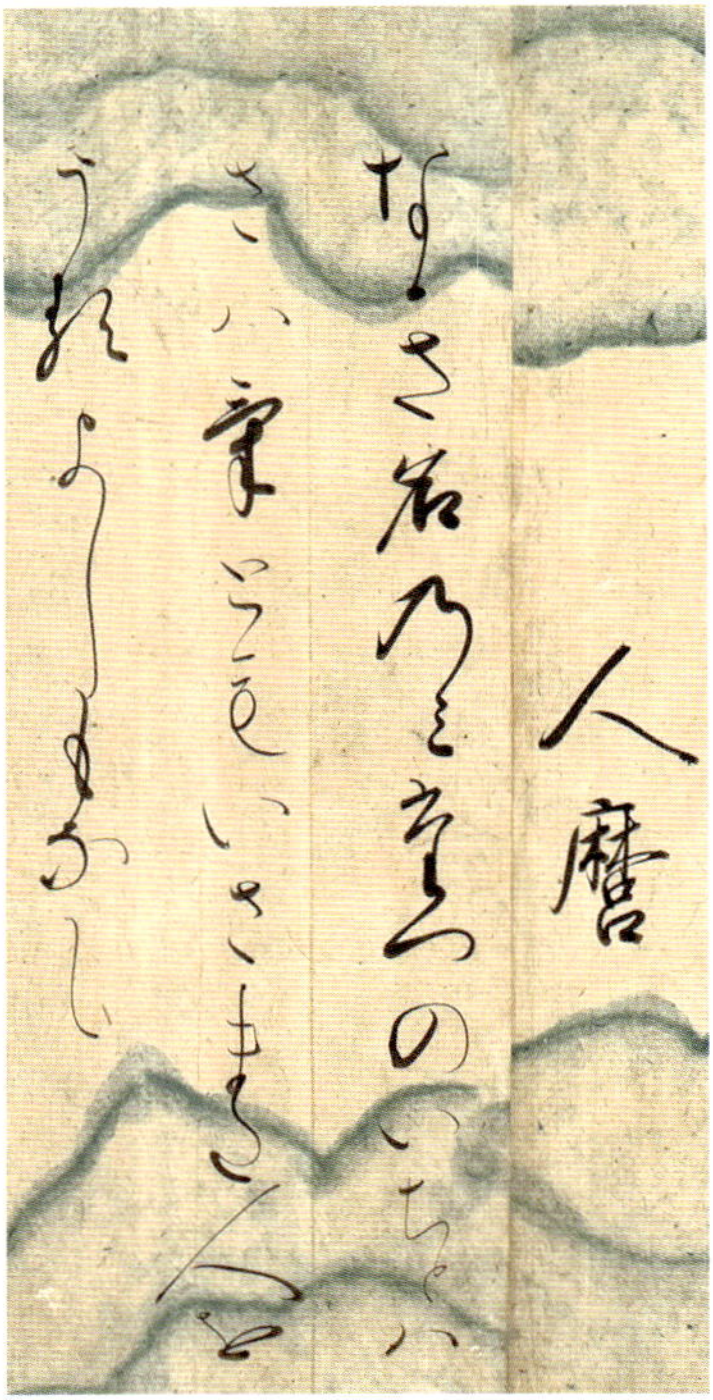

宸翰「拾遺和歌集」　伏見天皇
［重要美術品］〈本書60ページ〉
上＝一部拡大　下＝全体

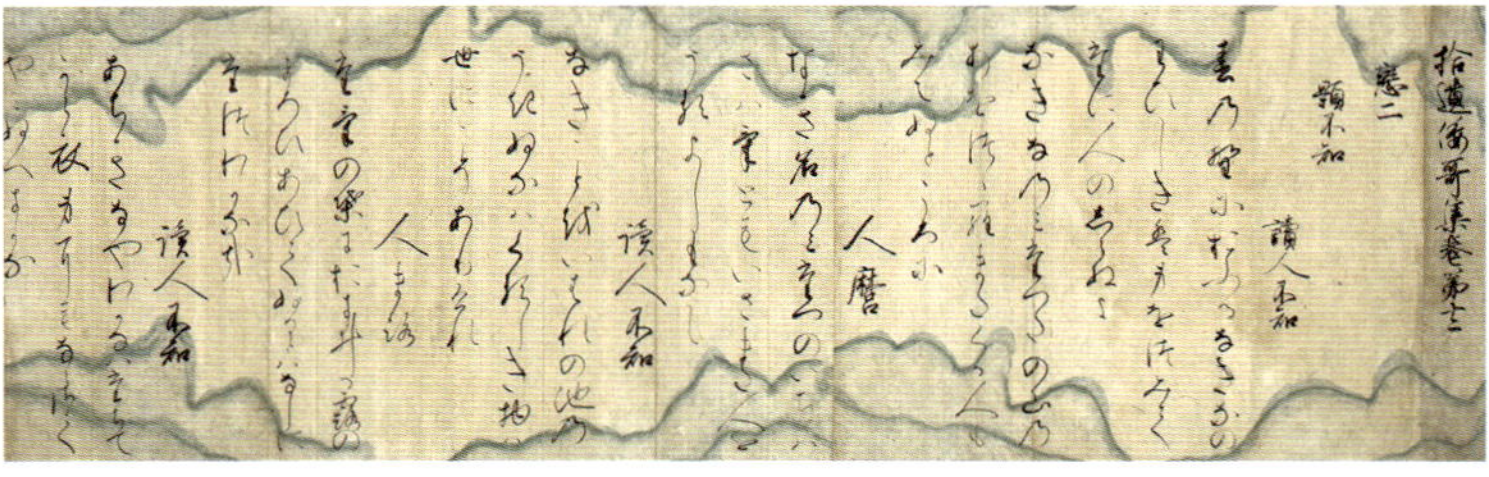

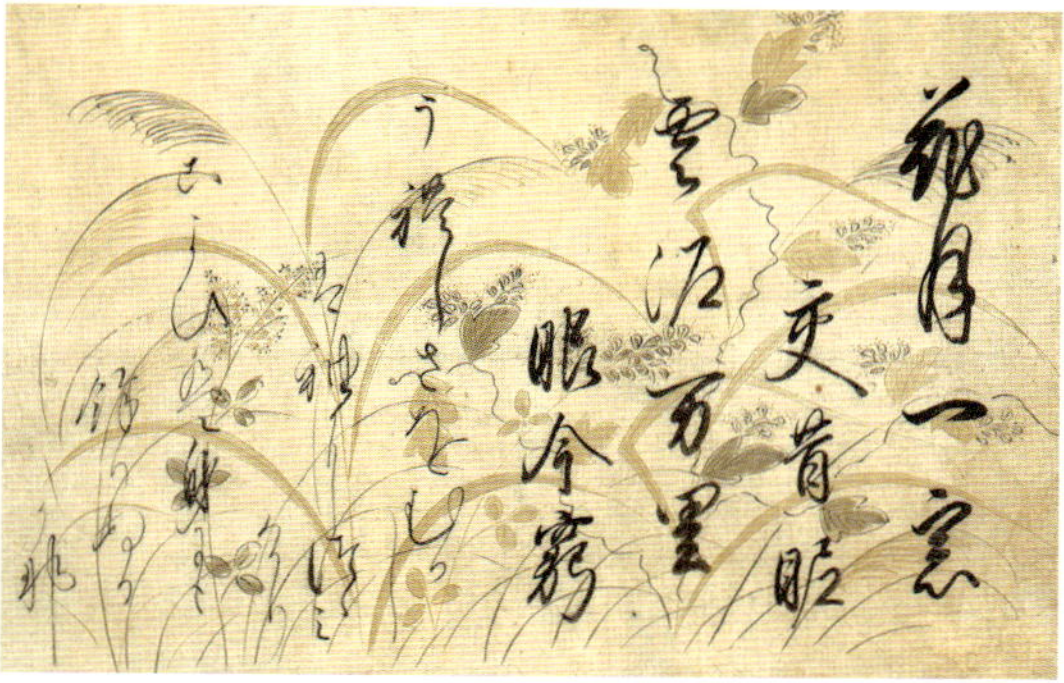

宸翰「和漢朗詠集」　後柏原天皇　［重要美術品］
〈本書76ページ〉

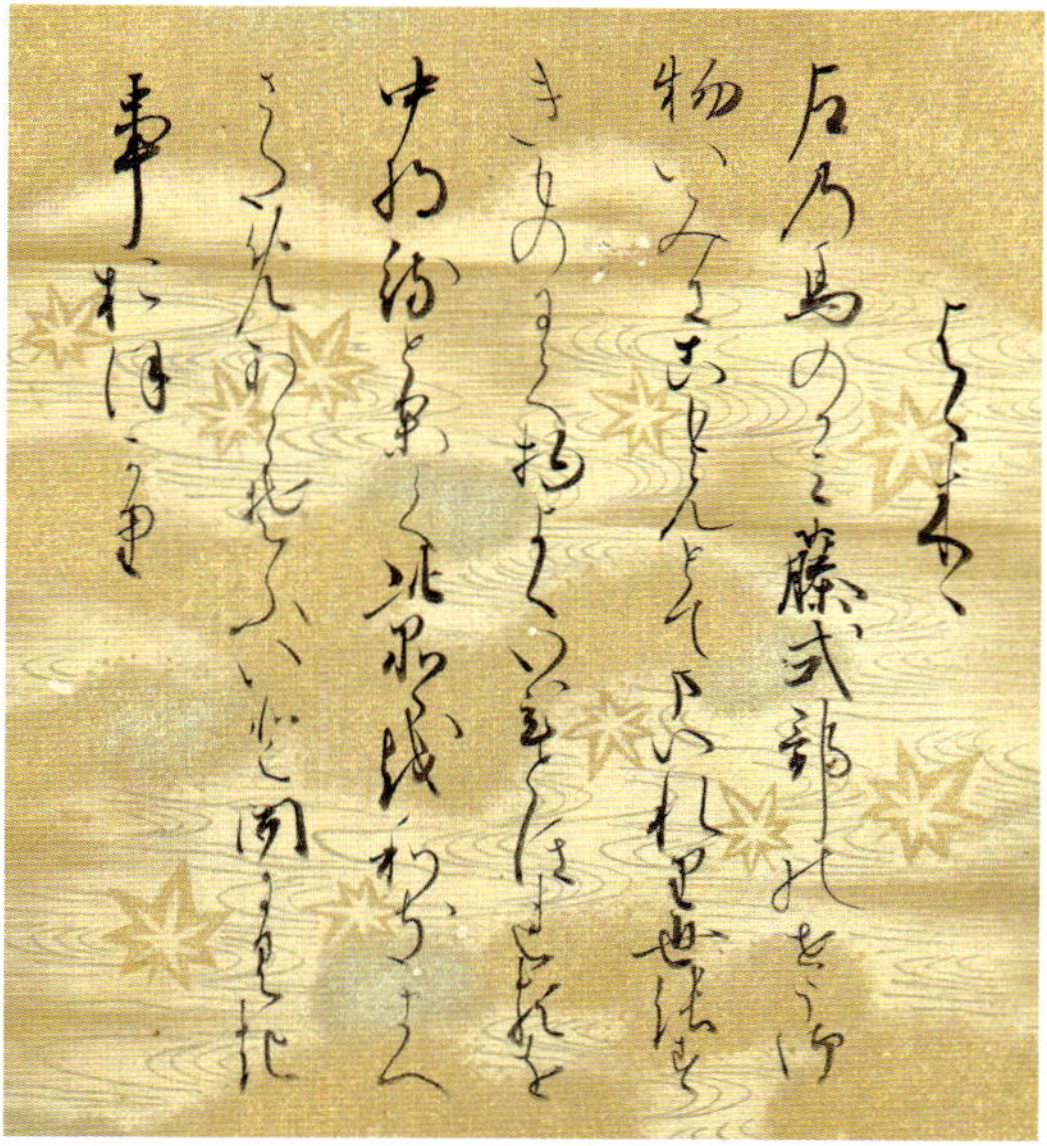

宸翰
『源氏物語』から
「はゝ木々」
後西天皇
［重要美術品］
〈本書96ページ〉

第Ⅲ部

歌集と物語の内容をあじわう

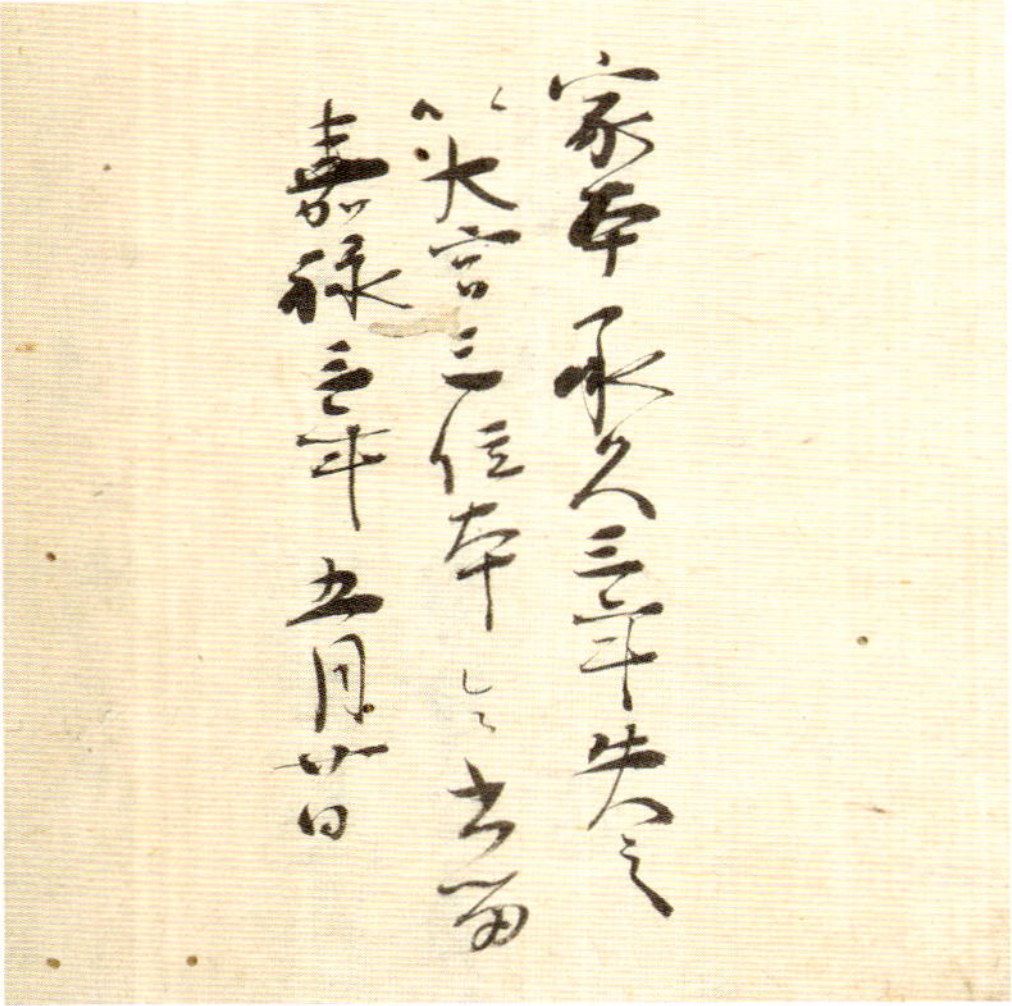

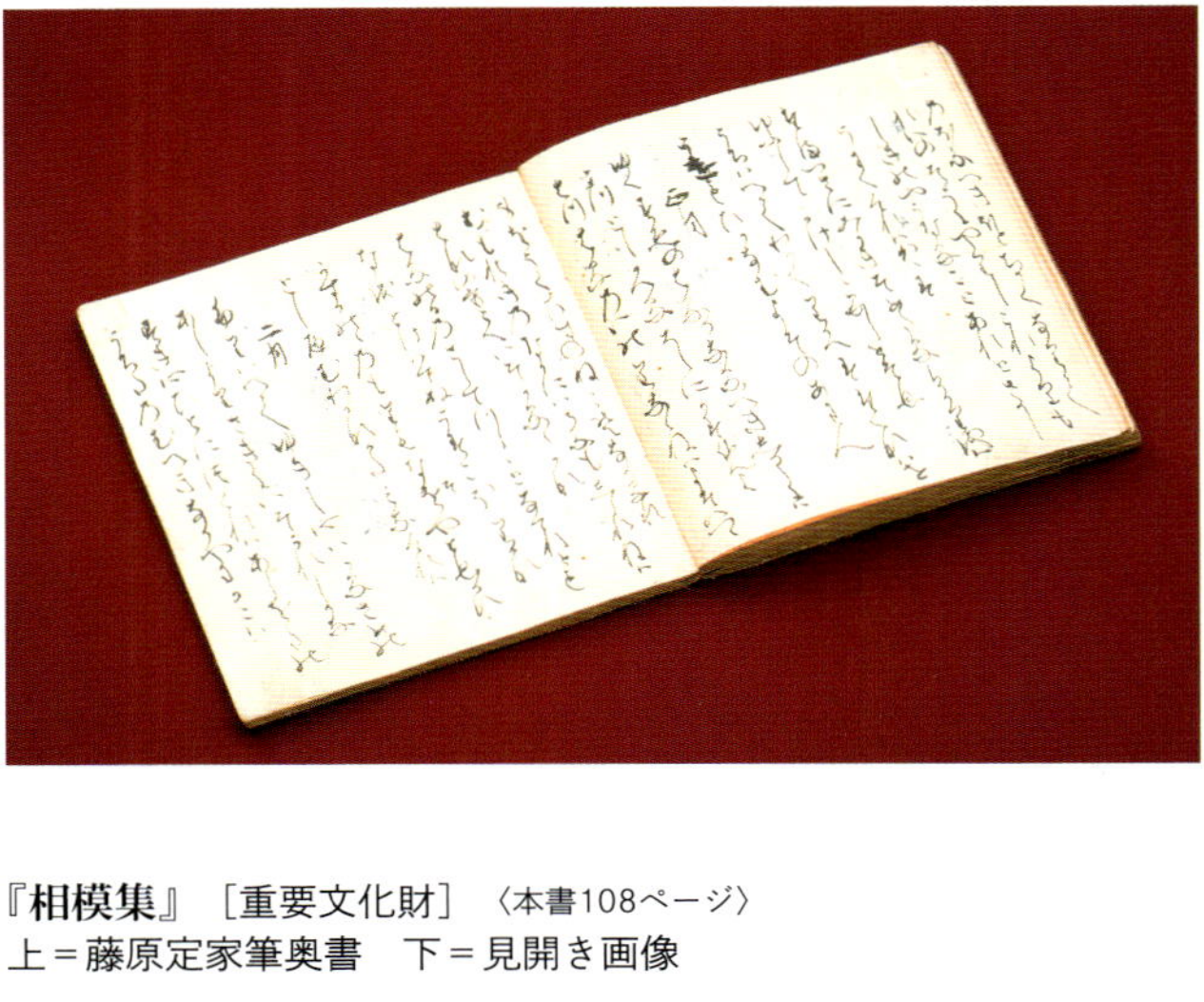

『相模集』［重要文化財］〈本書108ページ〉
上＝藤原定家筆奥書　下＝見開き画像

第Ⅳ部——書状のくずし字を読み解く

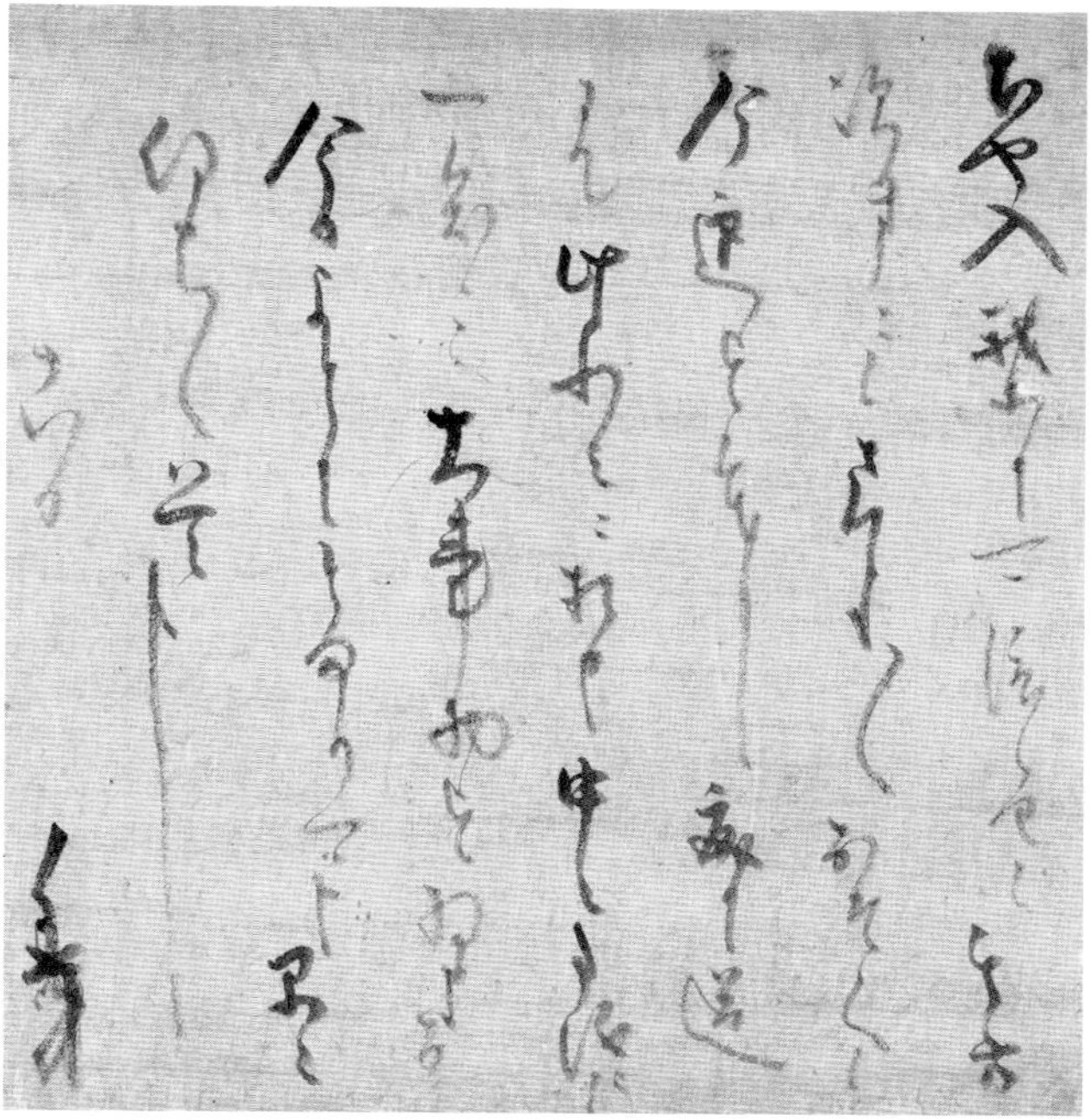

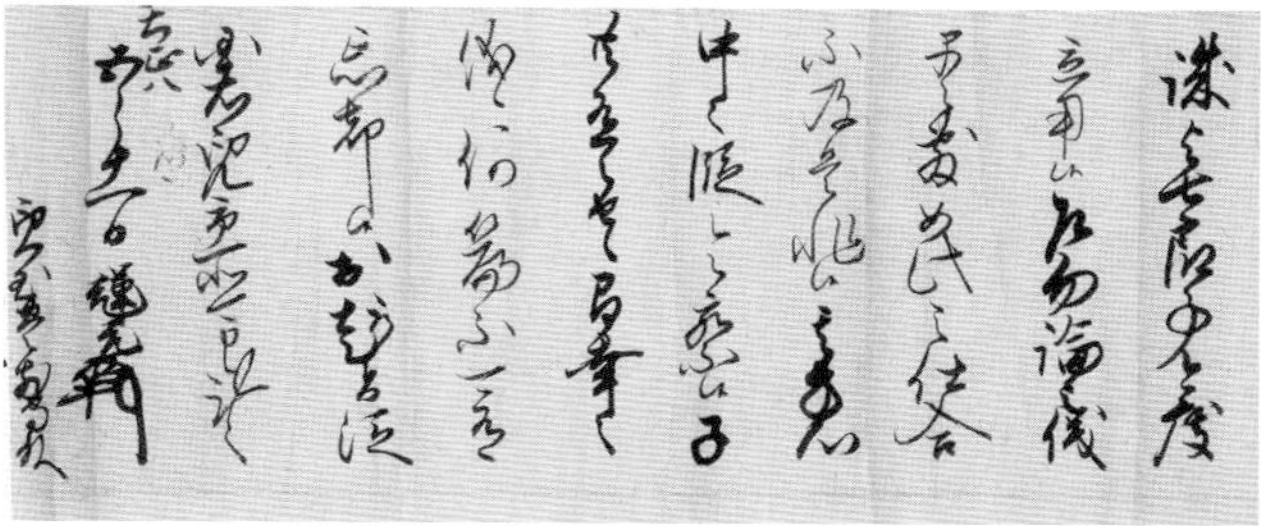

上＝**千利休書状**　〈本書154ページ〉
下＝**毛利輝元書状**　〈本書150ページ〉

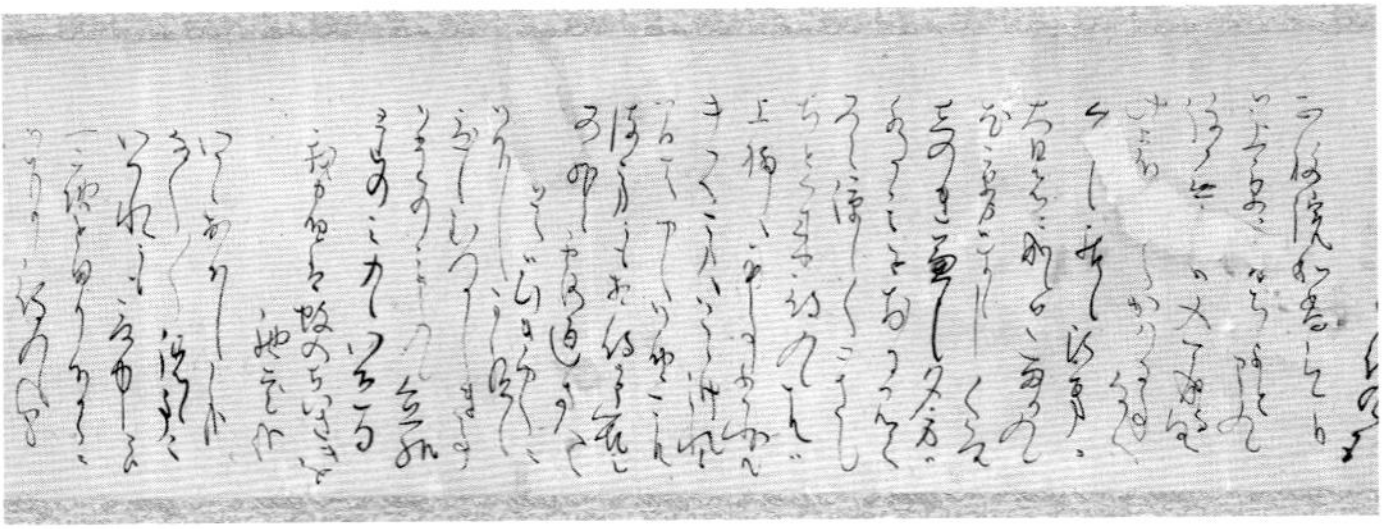

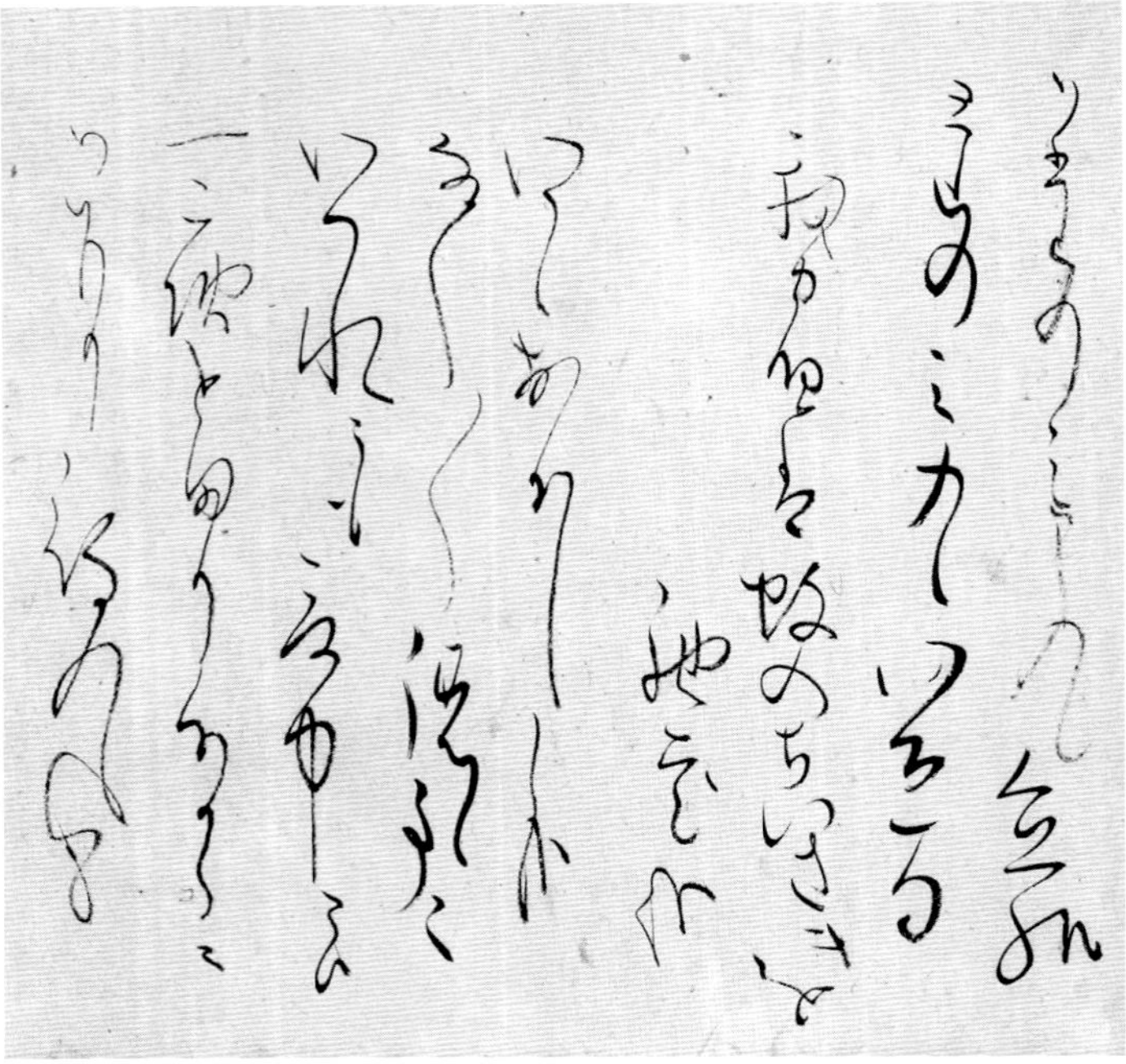

松尾芭蕉書状　上＝全体　下＝一部拡大　〈本書174ページ〉

読めれば楽しい！
古文書入門

小林正博・編

潮新書
009

潮出版社

はじめに

東京富士美術館には、多数の日本の美術品が所蔵されています。その中で、文字が書かれたもの――書状、絵詞（えことば）、天皇のお歌、物語、公文書（こうぶんしょ）、江戸時代の刊本など、古文書学習の教材として活用できそうな作品にはこと欠きません。

本書は、東京富士美術館が所蔵する日本美術の作品を「観る」と同時に、何が書かれているのかを「読む」ことができる、いわば日本美術のガイドブックとしての内容と、古文書学習の教材としても役立つ内容になっています。

巻頭には、代表的な作品をカラー画像で紹介し、本篇では、二十七の作品の、文字部分を拡大した写真と解読文をセットで見開きにして、作品の解説、くずし字の解説というように、四ページ立てで編集しました。

全体の構成は次のような四つの章からなっています。

Ⅰ　木版刷りの中の文字を読む

ここでは、木版多色刷りの絵の中に書かれた文字の内容を読んでいきます。喜多川歌麿（きたがわうたまろ）による浮世絵と、教訓的な文章とを合体させた「教訓　親の目鑑（めがね）」一〇作品の中から、「正直者」と「憎振（にくぶり）」、さらに歌川国芳（うたがわくによし）によるユニークな「寄せ絵（だまし絵）」と、「武者絵の国芳」にふさわしい赤穂浪士を題材とした義士たちの絵、また、春梅斎北英（しゅんばいさいほくえい）による小野小町（おののこまち）や在原業平（ありわらのなりひら）に扮した歌舞伎役者絵の色彩の豊かさと、つづられた歌を紹介しています。書かれている文字の内容を知ることで、絵が一層引き立って見えてきます。

Ⅱ　天皇の「宸翰（しんかん）」の世界にふれる

ここで取り上げるのは、天皇自筆の文書、すなわち宸翰です。東京富士美術館には、五十七点もの宸翰が所蔵されていますが、すべて重要美術品です。その中から、中世・近世の九人の天皇それぞれ一点ずつを選んで載せています。装飾を施（ほどこ）した短冊や色紙の豪華さも、巻頭写真から伝わってきます。書かれている文字も、天皇それぞれの個性がよく表れており、手ごたえのある解読の好材料になっています。和歌のくずし字が読めれば、相当の解読力があるとされていますので、一字一字、丹念に読み解いてください。

Ⅲ　歌集・物語の内容をあじわう

ここでは歌集の『相模集』、物語の『うそ姫物語』と、『日蓮大聖人御伝記』をとりあげました。『相模集』は重要文化財であり、東京富士美術館が誇る所蔵品の一つでもあります。奥書が藤原定家の自筆で書かれていることでも大変注目されています。『うそ姫物語』は、絵と文章で展開する絵詞の物語で、興味深い童話の趣があります。『日蓮大聖人御伝記』は、江戸時代に何度も改定増補された日蓮伝のベストセラーです。ここでは日蓮最大の法難とされる「竜の口の法難」のくだりを読んでいきます。

Ⅳ　書状のくずし字を読み解く

本来、古文書とは、書き手と受け手がはっきりしている文書のことをいいます。まさに、その古文書を取り上げ解読していきます。毛利輝元、千利休、松尾芭蕉、伊達政宗など、歴史的にも有名な人たちの、それぞれの文字の個性に着目しながら読み解いていきます。

書かれている文字が読めるようになるのは、簡単ではありませんが、美術品として観る楽しさを味わいながら、解読に挑戦していただき、少しでも読む楽しさ、読めた喜びへとつなげていただければ幸いです。

そして、今までは、日本美術の展示会などで、文字が書かれた作品は素通りしがちだった方から、「この本を読んだら、絵よりも文字に注目し、作品の前で釘付けになって鑑賞するようになった」という声が聞ければ、編者としてこれ以上の喜びはありません。

最後に、本書に貴重な画像を快く提供していただいた東京富士美術館の方々、めんどうな編集作業の労をとってくださった潮出版社の出版部の方々に、心からの謝意を表します。

平成二十九年二月十六日

一般社団法人古文書解読検定協会代表理事　小林正博

読めれば楽しい！　古文書入門——利休・歌麿・芭蕉の〝くずし字〟を読む◉目次

Ⅱ　天皇の「宸翰」の世界にふれる　59

装幀◉清水良洋（Malpu Desigh）
口絵・コラムデザイン◉佐野佳子（Malpu Desigh）
本文ＤＴＰ◉髙橋寿貴

「古文書解読検定」について

本書は「一般社団法人古文書解読検定協会」のメンバーが中心となって執筆しています。当協会では、二〇一六年七月に、古文書の検定試験として「**古文書解読検定**」を実施しました。また、それに先立って検定の対策本として柏書房から『実力判定　古文書解読力』を出版しました。

全国各地には、古文書学習を生きがいにして、日々研鑽を積み重ねている方たちがたくさんいます。本検定は、解読力のレベルを知ることができる本邦初の古文書の解読検定試験です。

本検定に興味のある方は、「古文書解読検定協会」へ、ハガキまたはファックスで、郵便番号・住所・名前・電話・年齢をご記入のうえ、「検定案内パンフ」をご請求ください。なお協会ホームページも開設しています（インターネットで「**古文書解読検定**」で検索）。そちらからも案内パンフのご請求ができます。

ハガキ　〒192-0082　八王子市東町6-8-202　古文書解読検定協会
ファックス　042(644)5244

I

木版刷りの中の文字を読む

世界の絵画史のなかで、高い芸術性をもった作品が、庶民の中に広く普及したという意味で特異な位置を占めるのが、江戸時代に登場した「浮世絵」です。このような事例は、世界的にも他に例がありません。

「浮世絵」の題材は多様で、美人絵、役者絵、戦争絵、武者絵、名所絵、教訓絵、だまし絵、怪談絵など、いわば有名スターのブロマイドから日常生活の光景まで、あらゆる分野にわたっています。名の通った絵師だけでも百数十人はおり、彼らが描いた絵の点数と、摺(す)られた絵の枚数を考えれば、市中に出回った作品数は、数十万～百数十万点に上ると思われます。

江戸の人口を百万人と仮定して、各家庭に一枚や二枚の「浮世絵」が、必ずあったという計算になります。ゴッホが歌川広重(うたがわひろしげ)の作品を模写したのは有名な話ですが、彼は四〇〇枚もの「浮世絵」を収集しています。それほどの芸術作品を、江戸時代の庶民は、日常的に自分の手に取って鑑賞していたのです。

江戸期に庶民の基礎教育を担った寺子屋は、幕末には相当な数に上っており、この時期の庶民の識字率は、世界で最も高かったと思われます。浮世絵の中の役者絵には、役者が演じるモデルについての説明があり、教訓絵には、人生にまつわる倫理・道徳が語られています。これらの文字を読解する能力が、庶民にあったということであり、「浮世絵」を通して、江戸期の庶民の文化的・知的レベルが、かなり高かったことが理解されます。

初期の「浮世絵」では、菱川師宣（一六一八～一六九四）の「見返り美人図」などが有名ですが、これら当初の作品は一点ものの肉筆画であり、高価でしたから、庶民には高嶺の花でした。その後、木版画が登場してからは安価となり、庶民も手軽に入手できるようになります。錦絵といわれる木版浮世絵も、江戸期を通じて一枚二十文程度だったようで、蕎麦一杯が十六文だったといわれますから、誰にでも購入できる価格でした。

当初は単色の墨摺絵であった木版画も、後に、紅、緑、黄など、二、三色を使った紅摺絵が登場し、十八世紀後半ごろ、鈴木春信（一七二五?～一七七〇）らが多色刷りの錦絵を考案してから、浮世絵は絶頂期に向かい、喜多川歌麿（一七五三?～一八〇六）、東洲斎写楽（生没年不詳）などが、人気絵師として活躍するようになります。

この時期に、下絵師、彫師、摺師の分業体制ができあがり、大量生産の分業体制が完成します。この三者のいずれを欠いても木版浮世絵は完成しませんが、名前が残るのは下絵師だけです。

　十九世紀に入ると、美人絵、役者絵、武者絵などに加えて名所絵が人気を集め、歌川広重（一七九七～一八五八）の「東海道五十三次」や、葛飾北斎（一七六〇？～一八四九）の「富嶽三十六景」などが好評を博しました。

　江戸の「浮世絵」とは別に、十八世紀末ごろから、京都・大阪の上方でも木版浮世絵が作られるようになりました。上方の「浮世絵」は、江戸とは趣を異にしており、役者絵が中心で、美人絵や名所絵はほとんどありません。これは、江戸文化と上方文化の違いを感じさせる興味深い現象です。

Column

古文書の基礎用語　用語を対比させて覚えよう

仮名（かな） （ひらがな・かたかな）	⇔	真名（まな） （漢字）
おんなもじ （ひらがな・女手）	⇔	おとこもじ （漢字・男手）
単体 一字一字（くぎる）	⇔	連綿 （続けて書く）
渇筆 （かすれ書き）	⇔	潤筆 （墨をたっぷり）
墨継ぎ＝途中で新たに墨を含ませて書くこと		
正文（しょうもん） （ほんもの）	⇔	案文（あんぶん） （控え・下書き）
臨写＝そっくりまねて書写する		
奉書（ほうしょ） お上の仰せを受けて侍臣らが発給	⇔	下文（くだしぶみ） お上が直接下す命令書
消息（しょうそく） かな混じりの手紙	⇔	尺牘（せきとく） 漢文の手紙
裏文書（うらもんじょ） 現状は裏に書かれている文書	≒	紙背文書（しはいもんじょ） 先に書かれ反古になった裏文書

解読文の書き方　助詞の書き方

而 者 茂 与 江（てはもとへ）は漢字のまま右に寄せて小文字で書く。二も同様。

正直者
教訓
親の目鑑

「教訓　親の目鑑」正直者（せうぢきもの）　喜多川歌麿

巻頭写真・iページ参照

解読文

正直者（せうぢきもの）
種々さまぐ〳〵のそらまじない人の
おしゆる毎に　正直にうけて八日にまし
神いぢりがつのる物なり　是人妖とて
禍をまねくことさとしるべし
神仏ハたふとみ遠さけてちかづき
けがし奉るものにあらず　うらかたみくじ物いまいに
こゝろをつくすもしゆしやうにてかハゆらしくハ
見ゆれども　是もまたやまいなり
つゝしむべし　もし気にかゝる事
あらバ鶴亀松竹とはらい
まぢないハちはやふる卯月八日
くらいの事にておくべし

妖（あやかし）→怪しいもの

うらかた→占形　占いの意

物いまい→物忌み

卯月八日→四月八日は釈迦生誕日

【作品解説】

喜多川歌麿（一七五三？～一八〇六）は、美人絵で有名で、顔を中心に上半身を描いた「美人大首絵」で人気を博した。全身像ではなく、顔を中心に描いたのは、モデルの内面をも表現しようとしたからである。一連の美人絵のなかでも「教訓　親の目鑑」十作シリーズは、庶民の娘たちをモデルとして、彼女たちの日常のありのままの姿を描いている。

「正直者」は、右手首に紙縒を巻いている娘が描かれている。手首に紙縒を巻くのは、何かの願い事をする時の当時の風習である。文を読むと、「神仏への信心もよいが、占いや神籤に凝るのは一つの病であって、ほどほどにした方がよい」と戒めているようだ。

説明文の最後に「鶴亀松竹」「千早ふる卯月八日」とあるが、「鶴亀松竹」は、いずれもめでたい意味があるので、不吉を避けるまじないの言葉である。「千早ふる……」は、四月八日の灌仏会の甘茶で磨った墨で、「千早ふる　卯月八日は　吉日よ　かみさけ虫の　成敗ぞする」と書いて、台所や便所などに逆さに貼ると虫が出ないという俗信のこと。「気にかかる心配事があっても、そのくらいにしておけ」と言っているのである。

【くずし字解説】

かなルビが振ってあります。古文書の解読では、漢字か、ひらがなかの判別に、苦労することがよくありますが、まずは振り仮名がついていれば、まちがいなく漢字であることがわかります。ここでは「正直」を「せうぢき」と歴史的仮名遣いで表記しています。解読では、そのまま「せうぢき」にしておきます。「直」を「ぢき」と読んでいますが、私たちの感覚だと「じき」となります。こういう違いは「じ」と「ぢ」の他、「づ」と「ず」が挙げられます。この四字のことを、国語学では「四つ仮名」といい、言葉による四つ仮名の混同の問題として、研究材料の一つにもなっています。

「さまざま」と読みますが、くりかえしを意味する表記を用いて「〲」となっています。くりかえし記号は、踊り字とか重点といい、ひらがなは「ゝ」、カタカナは「ヽ」、漢字は「々」、二文字以上のくりかえしは「〱」と表記するのが原則です。

「教訓　親の目鑑」憎振(にくぶり)　喜多川歌麿

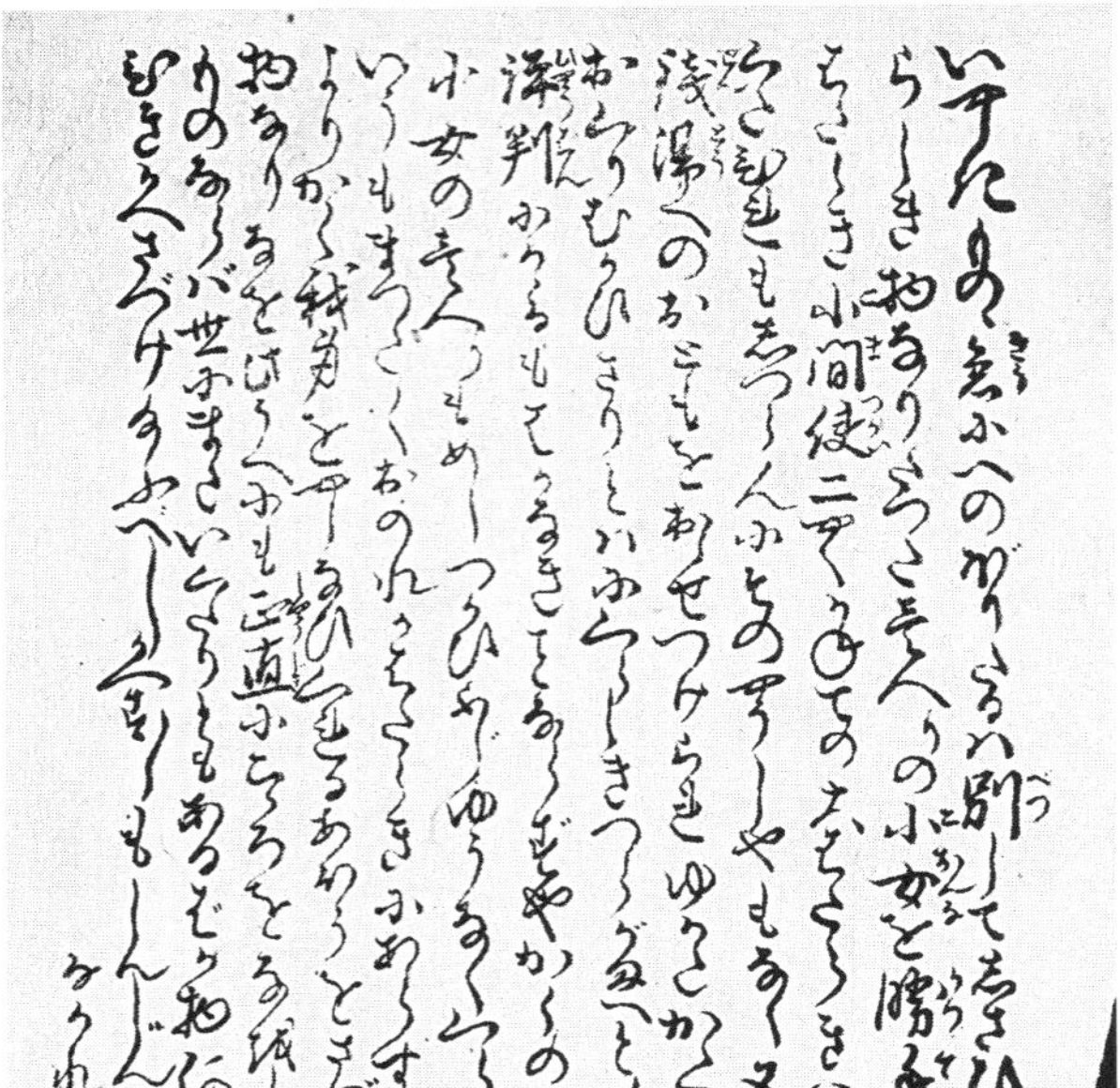

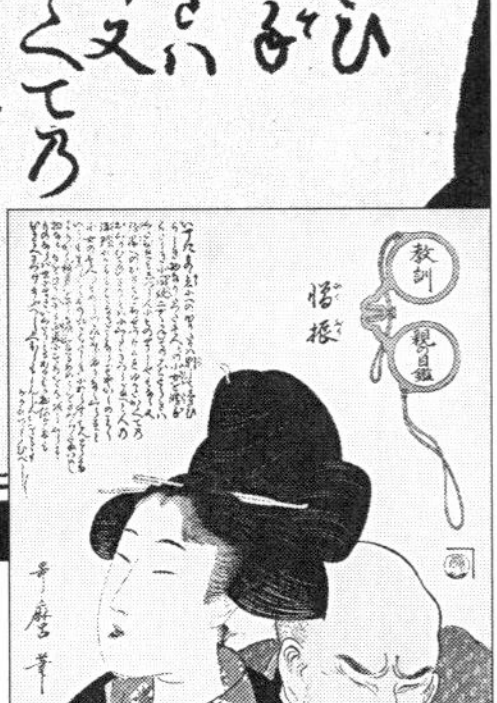

解読文

いやしきもの、急にへのぼりたるハ　別してしさひらしき物なり　たつた壱人ₘの小女を勝手はたらき小間使ニやくかねての大はたらきハくたひれもしつらんにそのやうしやもなく又銭湯へのおともをおゝせつけられ　ゆかたかゝへてのおくりむかひ　さりとハにくらしきつらがまへと人の評判にかゝるもはかなきことならずや　かくのことく小女の壱人ₘをめしつかひ　ふじゆうなくくらすというもまつたくおのれかはたらきにあらず　てんとうさまよりかく我身をやしなひくれるあほうをさづけたまハりし物なり　なを此うへにも正直にこゝろをなをしくらすものならバ世にまたいくたりともあるばか物何ケ度もひきかへさづけ給ふべし　かえす〳〵もしんじんおこたる事なかれ　つゝしむべし〳〵

へのほり（経上り）→成り上がる

やうしや（用捨）→手加減

あほう（阿呆）→愚か者

【解説】

喜多川歌麿が描いた「教訓　親の目鑑」十作シリーズの一枚である。前項で紹介している「正直者」の他に、「ばくれん」「浮気者」「もの好」「理口者」「ぐうたら兵衛」「酩酊（なまよい）」「不作者（ふでかしもの）」「本性者」などがある。

教訓絵というのは、女性が遭遇する様々な状況において、どのように対処すべきかを教えるための「浮世絵」のことだが、男性に対する教訓絵がないというのも、時代を表している。もちろん、一流の絵師が描くものであるから、教訓絵は、女性への教訓としてだけではなく、鑑賞の対象としても、広く人々に受け入れられていた。

この作品には、按摩（あんま）に背中を揉んでもらっている女性が描かれている。按摩と女性との関係ははっきりしないが、「大した身分でもなかった者が、急に裕福になって、女中をこき使うようになったりするが、それは自分が稼いで得たお金ではない。自分を養ってくれる男に恵まれただけのことだから、心正しく生きていくようにしなさい」と教訓が述べられている。

【くずし字解説】

「壱人り」と読めますが、これは「壱人」を「いちにん」と読むのではなく、「ひとり」と読ませるために「り」を右に小字で記しているのです。このように、右に小字でひらがな、あるいはカタカナが加筆される場合、どう読むかを伝えるための表記であると押さえておいてください。

「はたらき」ですが、「ら」に注目。「ら」はかなりくずされて、それ一字ではとても「ら」には見えないことがよくあります。単語として、ひとくくりの中で「ら」と想定していくしかありません。

これは「くたひれ」（くたびれ）です。字母（じぼ）は「久多飛連」で、これをかなりくずすことで、ひらがなになっているわけです。代表的な変体仮名は、古文書学習の初期の段階でマスターしておきましょう。

寄せ絵（だまし絵）

歌川国芳

みかけハこハゐがとんだいゝ人だ

巻頭写真iiページ参照

［絵題］
見かけは怖いがとんだ良い人だ

解読文

大ぜいの　人がよって
たかつて　とふと
い丶人を　こしらへた
とかく人のことハ
人にしてもらハねバ
い丶人にハならぬ

㊞　一勇斎
㊞　国芳
戯画

［通釈］
大勢の人が寄ってたかって、
とうとう、いい人をこしらえた。
兎角、人の事は
人にしてもらわねば、
いい人にはならぬ。

【解説】

この作品は、弘化四（一八四七）年に発表された「寄せ絵（だまし絵）」である。作者の歌川国芳は、寛政九（一七九七）年の生まれで、画号を一勇斎という。国芳は歌川豊国（一七六九〜一八二五）の門下だが、豊国と同門の豊広（一七七四〜一八三〇）の門下に歌川広重（一七九七〜一八五八）がいる。同じ歌川派で、同時代に活躍したが、広重は名所絵が得意で、作風に違いがある。

国芳は、江戸日本橋の生まれとされているが、四谷左門町の生まれという説もある。また、豊国の下で学んだとされるが、実際には兄弟子・歌川国直（一七九三〜一八五四）のもとで修業したようだ。国直の墓は、八王子市大横町の極楽寺にある。

国芳は「武者絵」で有名だが、「役者絵」「美人絵」「風刺絵」「戯画」など、幅広いジャンルで才能を発揮している。そのなかでも、人の集合で人の顔を描いた「寄せ絵」はユニークで、本作品以外にも、「としよりのよふなわかい人だ」「人をばかにした人だ」「人かたまつて人になる」などがある。

【くずし字解説】

これで「こと」と読みます。「こ」は、始筆の「一」だけ書いて、終筆の「こ」は消えていますね。始筆の「一」と「と」が合体してできている字で、こういう字を「合字(ごうじ)」といいます。合字の「ゟ」(より)は擯出する重要文字です。解読する時は「より」としないでそのまま「ゟ」と書いてください。

「人にしてもらはねば」の中の「もら」の部分です。を「こと」と読んではいけません。また、次の字は「ら」と読みます。「ら」は、この二行前のは明らかに「ら」ですが、も「ら」として押さえておきましょう。

「印」は、○印や□印のほか、爪印・拇印など、さまざまな種類があります。それぞれ㊞・[印]・(爪印)・(拇印)と表記するか、(印)で統一してもよいと思います。なお、「印」の表記が読める場合は、解読しておきましょう。

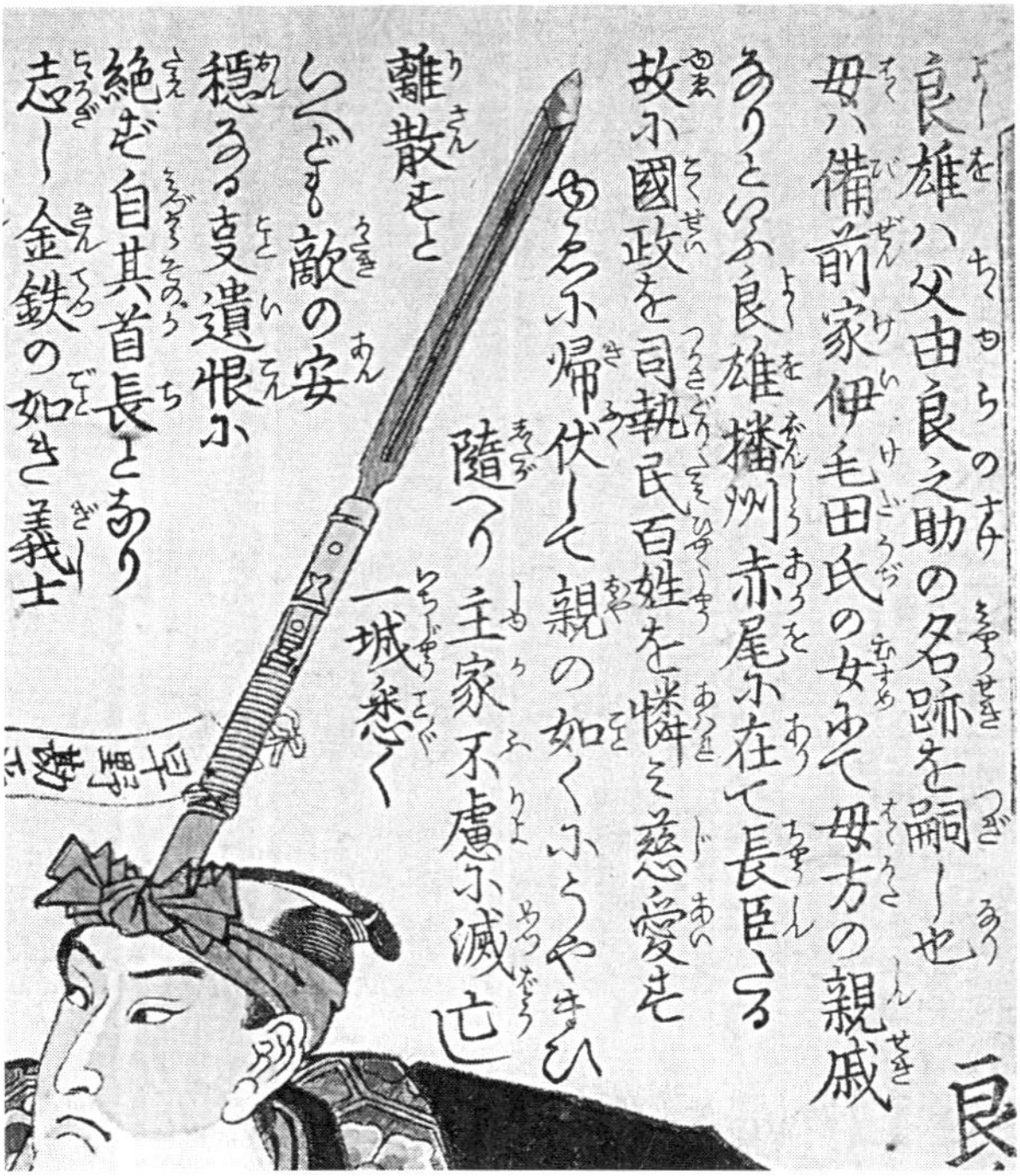

「誠忠義士伝」大星由良之助① 歌川国芳

巻頭写真iiiページ参照

解読文

良雄ハ父由良之助の名跡を嗣し也
母ハ備前家伊毛田氏の女にて母方の親戚
なりといふ　良雄播州赤尾に在て長臣たる
故に国政を司執民百姓を憐み慈愛す
ゆゑに帰伏して親の如くにうやまひ
随へり主家不慮に滅亡し
一城悉く
離散すと
いへども敵の安
穏なる事遺恨に
絶ず自其首長となり
志し金鉄の如き義士

備前→岡山県
播州→播磨、兵庫

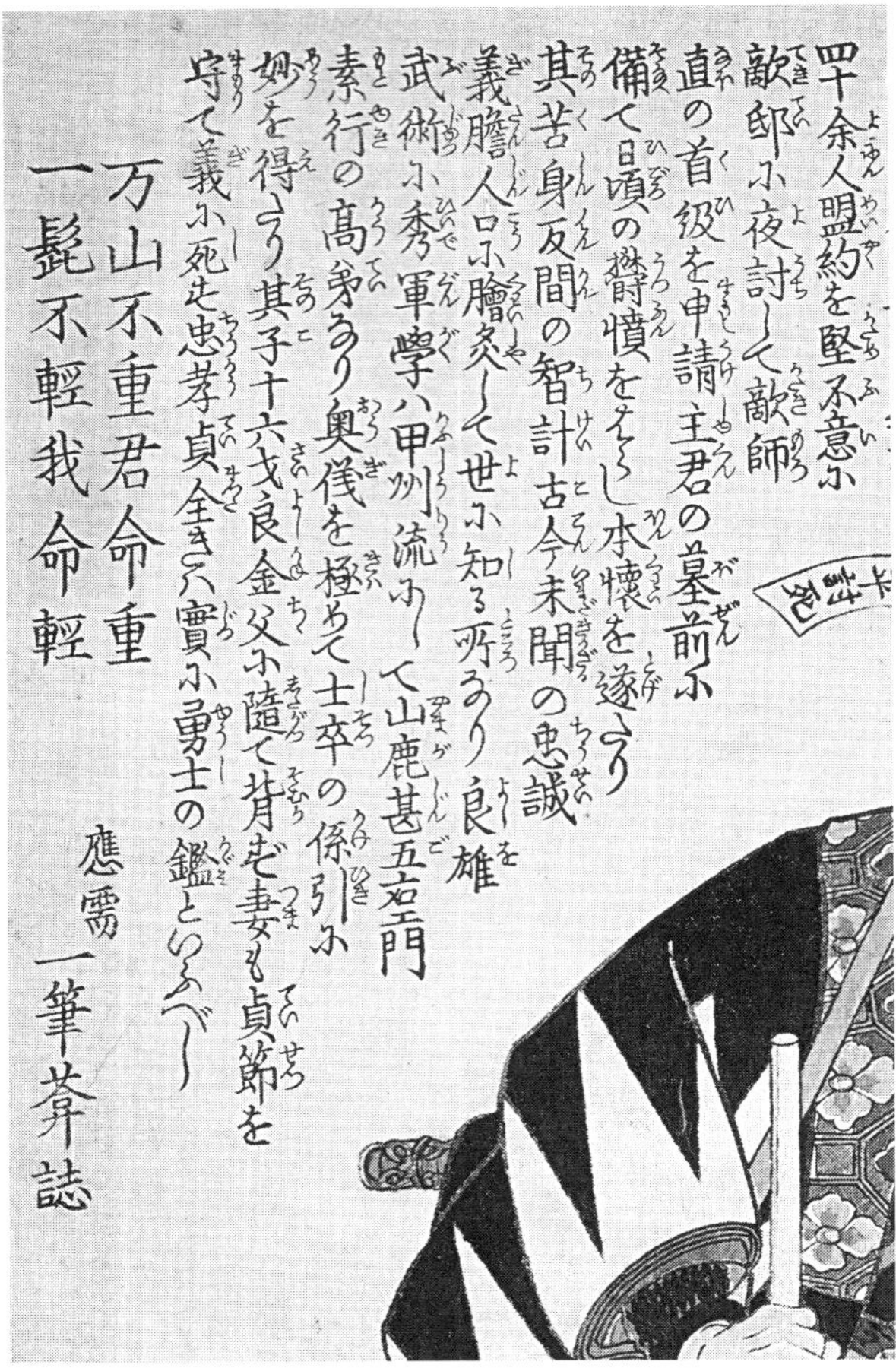
四十余人盟約を堅不意に
敵邸に夜討して敵師
直の首級を申請主君の墓前に
備て日頃の鬱憤をはらし本懐を遂たり
其苦身反間の智計古今未聞の忠誠
義膽人口に膾炙して世に知る所なり良雄
武術に秀軍学は甲州流にして山鹿甚五左衛門
素行の高弟なり奥儀を極めて士卒の係引に
妙を得たり其子十六才良金父に随て共に妻も貞節を
守て義に死せ忠孝貞全き実に勇士の鑑といふべし
万山不重君命重
一髪不軽我命軽
応需 一筆菴誌

「誠忠義士伝」大星由良之助② 歌川国芳

巻頭写真iiiページ参照

解読文

四十余人盟約を堅不意に
敵邸に夜討して敵師
直の首級を申請主君の墓前に
備て日頃の鬱憤をはらし本懐を遂たり
其苦身反間の智計古今未聞の忠誠
義胆人口に膾炙して世に知る所なり　良雄
武術に秀軍学ハ甲州流にして山鹿甚五右衛門
素行の高弟なり　奥儀を極めて士卒の係引に
妙を得たり　其子十六才良金父に随て背ず妻も貞節を
守て義に死す　忠孝貞全きハ実に勇士の鑑といふべし
万山不重君命重
一髭不軽我命軽
応需　一筆菴誌

苦身反間→「反間苦肉」のこと

【作品解説】

この作品を描いた歌川国芳は、「武者絵の国芳」と称されるが、名所絵（風景画）でも葛飾北斎・歌川広重に並ぶほどの名声を得ている。生まれは江戸日本橋で、染物屋の子として生まれ、十五歳のころに初代歌川豊国の門に入ったとされるが、実際には兄弟子・歌川国直の下で画才を磨いたようだ。

国芳が、新境地を開こうと取り組んだのが「誠忠義士伝」五十一枚のシリーズで、弘化四年（一八四七）に刊行された。その一枚目が「大星由良之助」。いうまでもなく、モデルは赤穂藩の家老・大石内蔵助（くらのすけ）（一六五九〜一七〇三）である。元禄十四（一七〇一）年に、赤穂藩主・浅野内匠頭長矩（たくみのかみながのり）が、江戸城中で高家（こうけ）・吉良義央（きらよしひさ）に斬りつけたことにより、長矩は直ちに切腹、浅野家は改易（かいえき）となった。翌年、大石を中心とする家臣たちが、主君の仇討ちとして吉良邸に討ち入り、吉良義央を討ち取った。

文末にある「一筆菴（いっぴつあん）」は、絵師で戯作者（げさくしゃ）でもあった渓斎英泉（けいさいえいせん）（一七九一〜一八四八）である。「応需」とあるから、求めに応じてこの文を書いたのである。

【くずし字解説】

（写真①）「ゆゑに」と読みますが、解読では「ゑ」は「え」としません。「ゐ」も同様に「い」としません。ひらがなの「ゐ」と「ゑ」は、わ行のイ音とエ音として、あ行の「あいうえお」とは区別してください。

（写真①）「事」と解読しますが、このような字形の違う漢字を異体字といいます。異体字は、古文書に散見されるので、字形を覚えておかないと解読できません。よく見る異体字を挙げておきます。右行が異体字、左行が常用漢字です。

主な異体字

異体字	常用漢字
羕	承
叅	参
觧	解
𩀨	難
軄	職
乆	頭
収	段
㐂	喜
迯	逃
灾	災
帋	紙
叓	事
秊	年
忝	忝
𦎫	朔
脉	脈
秌	秋
𠔥	異
𠦁	畢
羪	養

「誠忠義士伝」大星力弥① 歌川国芳

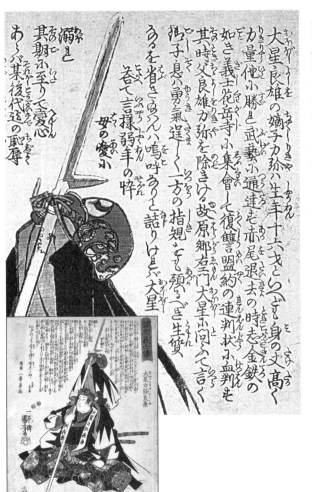

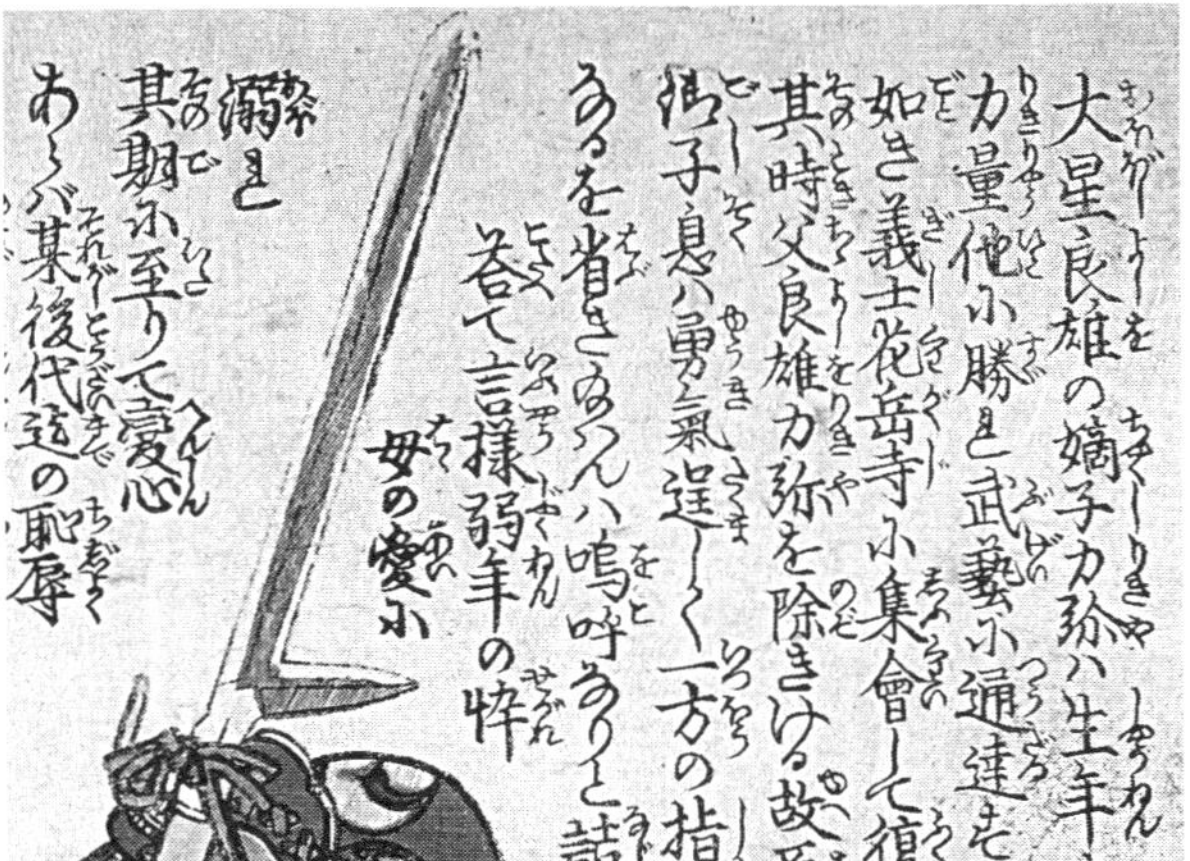
大星良雄の嫡子力弥ハ生年十六才といへども身の丈高く
力量他ニ勝れ武藝ニ通達せ赤尾退去の時志金鉄の
如き義士花岳寺ニ集會して復讐盟約の連判状ニ血判を
其時父良雄力弥を除きける故原郷右エ門大星ニ問ふて言く
貴子息ハ勇氣逞しく一方の指揮もなし頼るべき生質
なるを省きたまふハ嗚呼ありと詰りけれバ大星
答て言様弱手の悴
母の愛ニ
溺れ
其期ニ至りて変心
あらバ某後代迄の恥辱

解読文

大星良雄の嫡子力弥ハ生年十六才といへども身の丈高く
力量他に勝れ武芸に通達す　赤尾退去の時志金鉄の
如き義士花岳寺に集会して復讐盟約の連判状に血判す
其時父良雄力弥を除きける故原郷右エ門大星に問ふて言く
御子息ハ勇気逞しく一方の指規をも預るべき生質
なるを省き給ハんハ嗚呼なりと詰りけれバ大星
答て言様弱年の悴
母の愛に
溺れ
其期に至りて変心
あらバ某後代迄の恥辱

花岳寺→赤穂にある浅野家の菩提寺

嗚呼→烏滸（おこ）の当て字　愚鈍、愚か

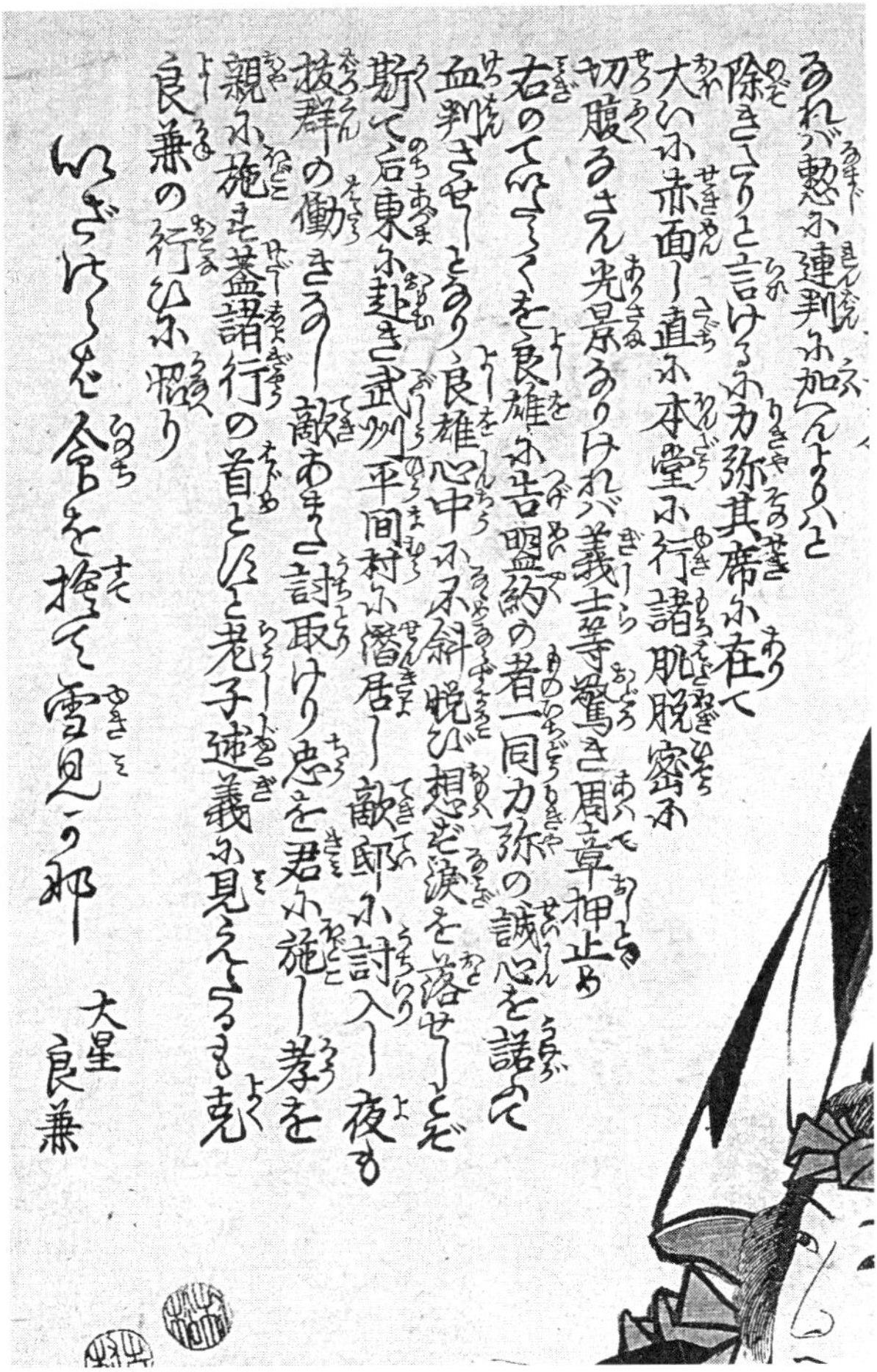
されバ憗に連判に加へんよりハと
除きありと言けるに力弥其席に在て
大いに赤面し直に本堂に行諸肌脱密に
切腹なさん光景なりければ義士等驚き周章押止め
右のてんまつを良雄に告盟約の者一同力弥の誠心を諾めて
血判させしとなり良雄心中に不斜悦び想ず涙を落せしとぞ
斯て后東に赴き武州平間村に潜居し敵邸に討入し夜も
抜群の働きなりし敵あまた討取けり忠を君に施し孝を
親に施さ蓋諸行の首と老子述義に見えたるも克
良兼の行ひに照り
大星良兼

解読文

なれバ慭に連判に加へんよりハと
除きたりと言けるに力弥其席に在て
大いに赤面し直に本堂に行諸肌脱　密に
切腹なさん光景なりければ義士等驚き周章押止め
右のていたらくを良雄に告盟約の者一同力弥の誠心を諾ふて
血判させしとなり　良雄心中に不斜悦び想ず涙を落せしとぞ
斯て后東に赴き武州平間村に潜居し敵邸に討入し夜も
抜群の働きなし敵あまた討取けり　忠を君に施し孝を
親に施す　蓋諸行の首とすと老子述義に見えたるも克
良兼の行ひに協り
いざさらば命を捨て雪見かな　　大星良兼

慭に→なまじ＝なまじいに

周章→あはて＝あわてて

不斜→なのめならず＝一通りでない

武州平間村→今の川崎市幸区

老子述義＝『老子』の注釈書

協り→かなへり＝協と同字

【作品解説】

この作品は、「誠忠義士伝」五十一枚のシリーズの二枚目である。大星力弥良兼のモデルとなった大石主税良金（ちからよしかね）（一六八八〜一七〇三）は、大石良雄（よしたか）の嫡男（ちゃくなん）として、赤穂に生まれている。浅野長矩が江戸城内で吉良義央に斬りつける事件が起きた時、良金は元服前の十四歳で、幼名・松之丞を名乗っていた。四十七士のなかでは最年少である。

『仮名手本忠臣蔵』の大星力弥は、主君最期の時に側にいて、切腹用の刀を渡しているが、十四歳の大石主税が浅野切腹の場にいるわけがなく、盟約に加わったのも十二月に元服してからである。

文の一行目に「十六才といへども身の丈高く」とあるが、実際に大石主税は大柄で、身長は五尺七寸あったというから、一七〇センチ以上の大男で、当時としては並外れた長身である。体が大きかっただけでなく、胆力、統率力にも優れたものがあったようだ。

吉良邸討入の時は、裏門隊の隊長として指揮を執った。討ち入りの後、大石主税は、伊予松山藩の松平隠岐守定直（おきのかみさだなお）の預りとなり、その中屋敷で切腹した。享年十六であった。

【くずし字解説】

写真①にあると、写真②にあるは、上から「芸」「会」「応」と解読しますが、これらは「旧字」です。江戸時代は、むしろこれらが標準文字だったのですが、戦後、ほとんど使われなくなったため、若い方たちには、なじみのない漢字になってしまいました。

よく見る旧字体を挙げておきます。右行が旧字体、左行が旧字に対応する新字体です。

主な旧字

國發觸寫稱條舊實澤龍佛濱邊餘勵證轉圓碎萬亂拜擔學體燈假繪獻續對禮

国発触写称条旧実沢竜仏浜辺余励証転円砕万乱拝担学体灯仮絵献続対礼

写真①にあるは「右エ（衛）門」で、「うえもん」と読んでも間違いではありませんが、普通「えもん」と読みます。「左衛門」は「さえもん」と読みます。

「誠忠義士伝」小野寺重内① 歌川国芳

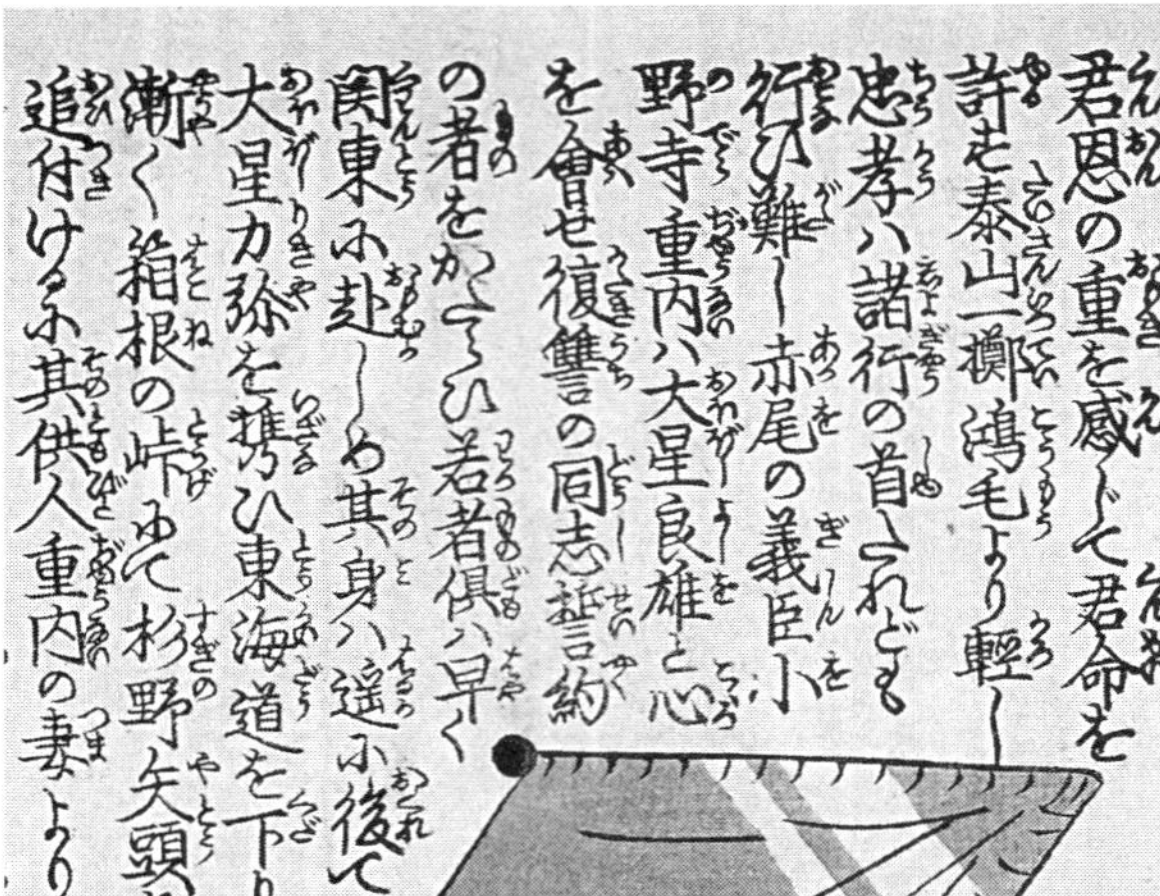
君恩の重を感じて君命を
許を泰山一擲鴻毛より軽し
忠孝ハ諸行の首なれども
行ひ難し赤尾の義臣小
野寺重内ハ大星良雄と心
を會せ復讐の同志誓約
の者をかたらひ若者倶ハ早く
関東に赴しが其身ハ遥に後れて
大星力弥を携ひ東海道を下りける
漸く箱根の峠にて杉野矢頭等に
追付けるに其供人重内の妻よりの返書ありと

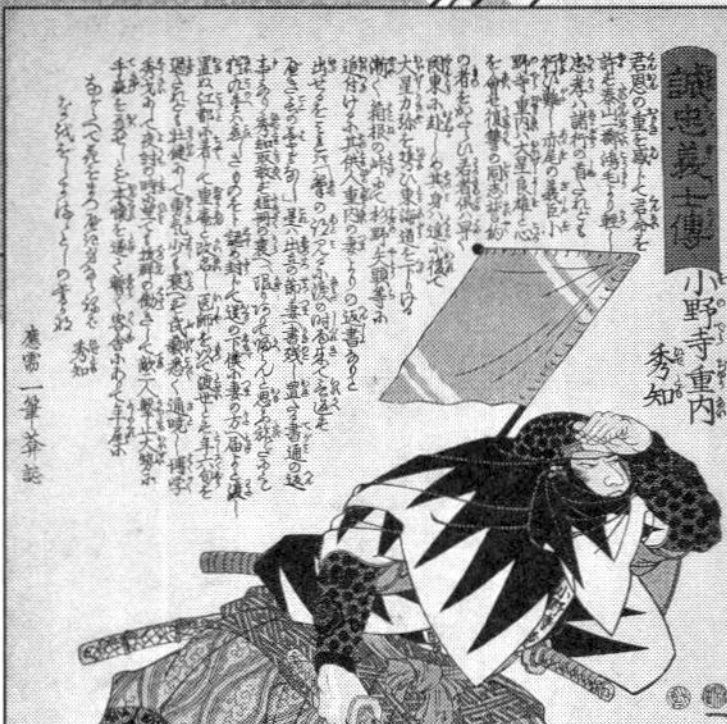
誠忠義士傳
小野寺重内秀知
一勇斎國芳画

解読文

君恩の重を感じて君命を
許す　泰山一擲鴻毛より軽し
忠孝ハ諸行の首たれども
行ひ難し　赤尾の義臣小
野寺重内ハ大星良雄と心
を会せ復讐の同志誓約
の者をかたらひ若者倶ハ早く
関東に赴しめ其身ハ遥に後て
大星力弥を携ひ東海道を下りける
漸く箱根の峠にて杉野矢頭等に
追付けるに其供人重内の妻よりの返書なりと

泰山一擲→泰山を一度に投げ捨てること

「誠忠義士伝」小野寺重内② 歌川国芳

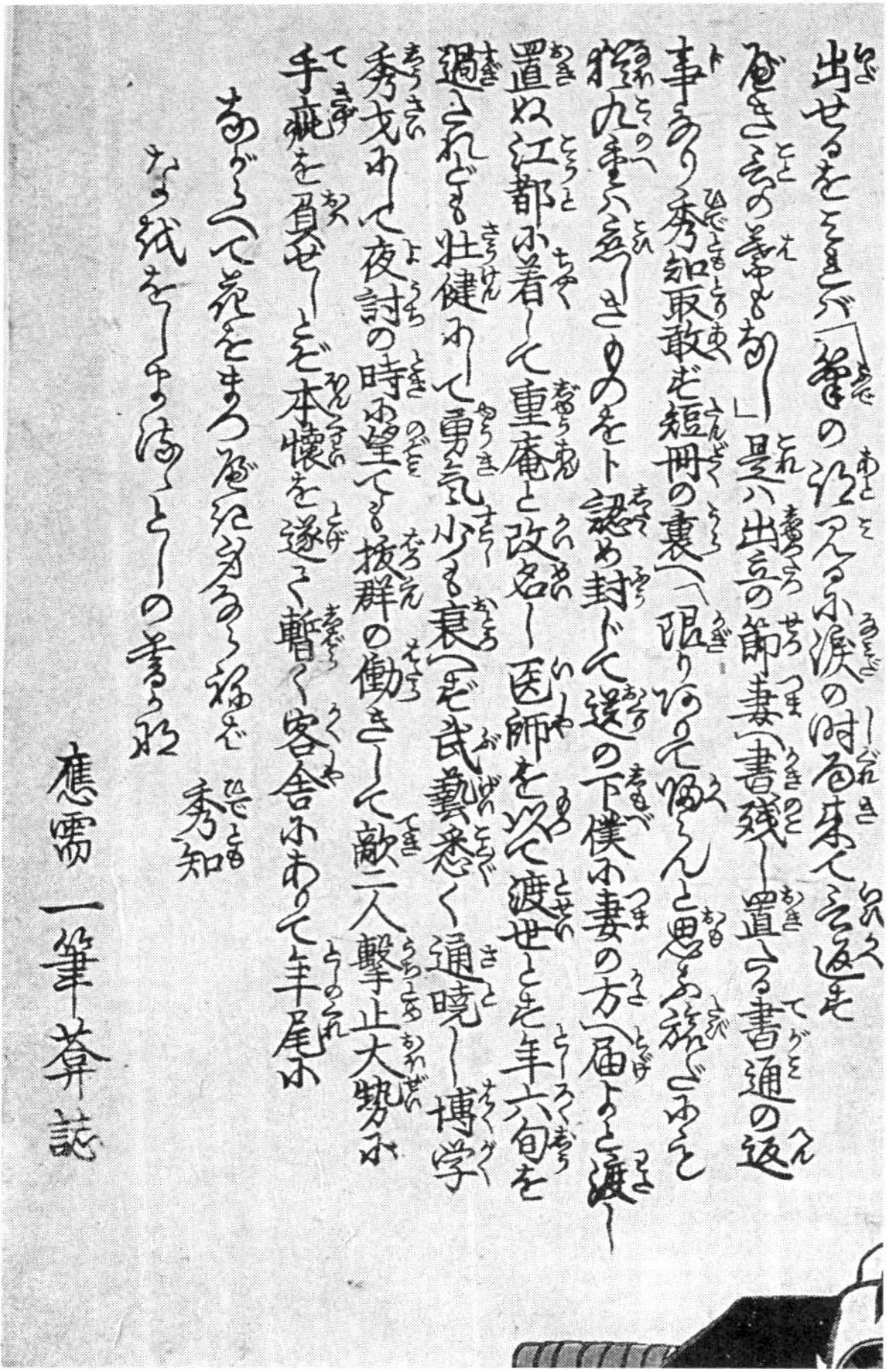

出せるをとゞまれば「筆の跡ある涙の時雨来てこそ返せ
なきこその善やともなし」是ハ出立の節妻へ書残し置たる書通の返
事なり秀知取敢ず短冊の裏へ「限りなき心と思ふ旅なれども
猶九重ハ立つきものを」ト認め封じて送りの下僕ニ妻の方へ届よと渡し
置ぬ江都に着して重庵と改名し医師を以て渡世とせり年六旬を
過されども壮健にして勇気少も衰へず武芸悉く通暁し博学
秀才にして夜討の時に望ても抜群の働きして敵二人撃止大勢に
手疵を負せしとぞ本懐を遂て暫く客舎にありて年尾に
あづかりて花とまつるもたのもしく
なき紙をしるしとしの書より

秀知

應需 一筆菴誌

解読文

出せるをみれバ「筆の跡見るに涙の時雨来て言返す
べき言の葉もなし」是ハ出立の節妻へ書残し置たる書通の返
事なり　秀知取敢ず短冊の裏へ「限りありて帰らんと思ふ旅だにも
猶九重ハ恋しきものをト認め封じて送の下僕に妻の方へ届よと渡し
置ぬ　江都に着して重庵と改名し医師を以て渡世とす年六旬を
過たれども壮健にして勇気少も衰へず　武芸悉く通暁し博学
秀才にして夜討の時に望ても抜群の働きして敵二人撃止大勢に
手疵を負せしとぞ本懐を遂て暫く客舎にありて年尾に
　ながらへて花をまつべき身ならねば
　なををしまるゝとしの暮かな　　　　秀知
　　　　　　　　　応需　一筆菴誌

江都→江戸　六旬→六十

年尾→としのくれ

【作品解説】

小野寺重内秀知を描いたこの作品は、「誠忠義士伝」五十一枚シリーズの九枚目として発表されている。モデルとなっているのは、小野寺十内秀和（一六四三〜一七〇三）。小野寺は百五十石を知行し、京都留守居役も務めた重鎮の一人であった。

彼は、江戸城中での刃傷事件を聞くと、直ちに京都から赤穂に駆けつけ、赤穂城開城では、大石の右腕となって活動している。討入の際は、裏門隊に属して大石主税を助け、得意の槍を振るって敵を倒しているが、武芸に優れていただけでなく、儒者・伊藤仁斎（一六二七〜一七〇五）に学ぶなど、学問にも秀でていた。

赤穂義士は四十七人だが、「誠忠義士伝」は五十一枚シリーズである。プラス四枚は誰が描かれているかというと、浅野長矩をモデルとした塩谷判官と、吉良義央をモデルとした高野武蔵守師直の二人が、「誠忠義士伝起源」と題されて、三十八枚目と三十九枚目に出されており、「忠」と「孝」の板挟みで苦しみ自害した萱野重実三平がモデルの早野勘平が四十七枚目に、そして最後の五十一枚目に、近松勘六の家僕・広三郎をモデルとした「鹿松諌六家僕塵三郎」が、「大尾」として追加されている。「大尾」は「最後」の意。

【くずし字解説】

ここでは写真②から、選んで練習問題にしてみました。右は六題各一点、次の和歌は、上の句と下の句各二点、合計十点満点です。五点以上とれれば、基礎力は充分です。

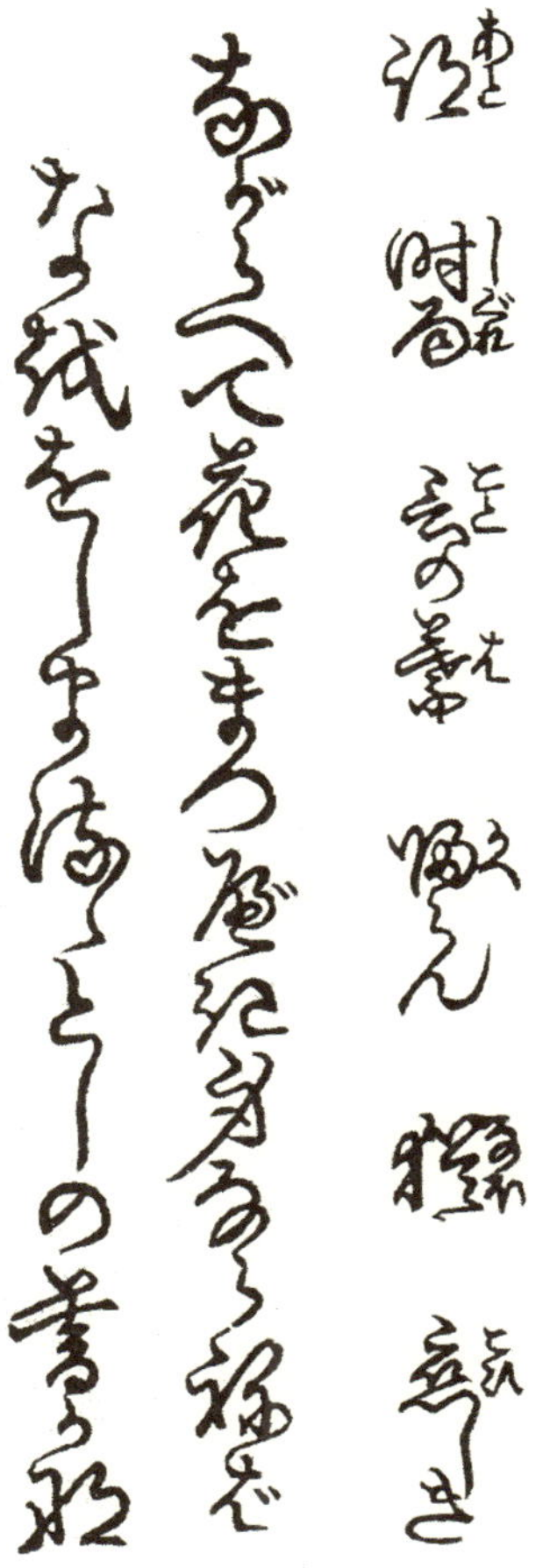

どうでしたか。答えは「跡（あと）」「時雨（しぐれ）」「言（こと）の葉（は）」「帰（かへ）らん」「猶（なほ）」「恋（こひ）しき」です。

和歌は「解読文」で答え合わせしてみてください。

歌舞伎絵　小野小町　春梅斎北英

解読文

小野小町
中むら
梅花

花のいろ
ねかふ小町の
袖かな

春梅斎
北英画（印）

【作品解説】

作者の春梅斎北英（生没年不詳）は、大阪の人で、現在の大阪市西区立売堀辺りに住んでいた。江戸の浮世絵と異なり、上方（京阪地方）の浮世絵は、ほとんどが役者絵で、版行された期間も、十八世紀末から十九世紀中ごろまでと比較的に短い。春梅斎北英は、そのなかの最盛期に活躍しているが、残されている作品から、絵筆を執っていたのは、文政十一（一八二八）年から九年間ほどだったと考えられる。

描かれている小野小町は、平安時代初期の歌人で、絶世の美女という伝説もあるが、生没年も不明で、架空説もある。しかし、在原業平、文屋康秀、僧正遍照などと取り交わした歌が多数残っているので、実在したことは間違いないと思われる。書かれている文は、彼女の「花の色は　うつりにけりな　いたづらに　わが身世にふる　ながめせしまに」（『古今和歌集』巻二）を踏まえている。

絵は、歌舞伎「六歌仙容彩」から取材したもので、演じている役者の名は「中むら梅花」と書かれており、初代中村梅花（一八一四〜一八三五）である。

【くずし字解説】

基礎的な解読力がある方なら、文字数も少なく難しいくずし字もないので、ほぼ読める作品だと思います。

注意しておきたいのは「中」の字です。参考として「上」と「下」も特徴のあるくずし字になるので並べておきます。

↓中

↓上

↓下

ひらがなでは、次の五つの字を挙げてみました。特に「か」の二種類のくずしは、しっかり覚えておきましょう。

上から「ら・の・か・か・な」

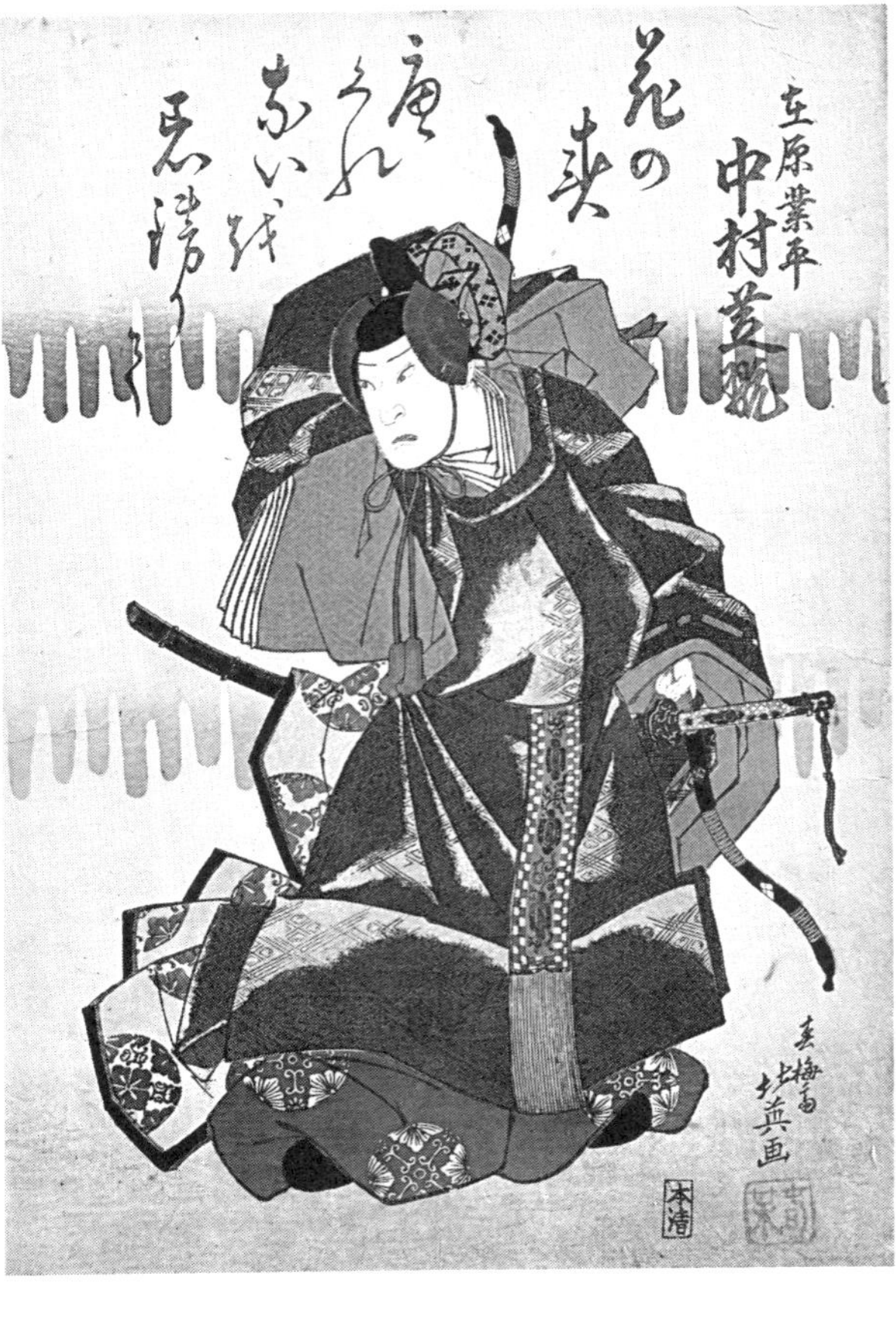
在原業平
中村芝翫
春梅斎北英画
本清

歌舞伎絵　在原業平　春梅斎北英

解読文

在原業平　　　　　　　　　春梅斎
中村芝翫　　　　　　　　　北英画（印）

花の
春
唐
くれ
ないを
着錺りて

【作品解説】

歌舞伎「六歌仙容彩」から取材した在原業平（八二五〜八八〇）の絵である。六歌仙の全員を描いた大判錦絵六枚組の一枚で、演じている役者は、「中村芝翫」と書かれている。これは後に四代目中村歌右衛門を襲名した二代目中村芝翫（一七九八〜一八五二）。「六歌仙容彩」の初演は、天保二（一八三一）年三月、江戸中村座で、中村芝翫は、小野小町を除く五人を早替りで踊り分けている。

「六歌仙」というのは、『古今和歌集』の序文に紹介されている歌人たちのことで、僧正遍照、在原業平、文屋康秀、喜撰法師、小野小町、大友黒主の六人をいう。

『伊勢物語』の主人公と目されている在原業平は、美男の風流人として語られるが、その出自は、平城天皇の子を父とし、桓武天皇の娘を母とする高貴な生まれであった。

書かれている句は、「百人一首」に採用されて、当時の庶民もよく知っていた、業平作の「千早ぶる　神代もきかず　龍田川　からくれなゐに　水くくるとは」（『古今和歌集』）の歌に掛けている。

【くずし字の解説】

ここで書かれている漢字を、上段に五つ挙げました。すらすら読めるようになるには、見た目だけで判断するのではなく、実際になぞって、何度も書いてみることが大事です。「書ければ読める」のです。「花」「春」「唐」「着」「鎊」が答えですが、下段には形が似た漢字も並べてみました。関係の深い漢字とセットで整理しておくと解読力アップにつながります。

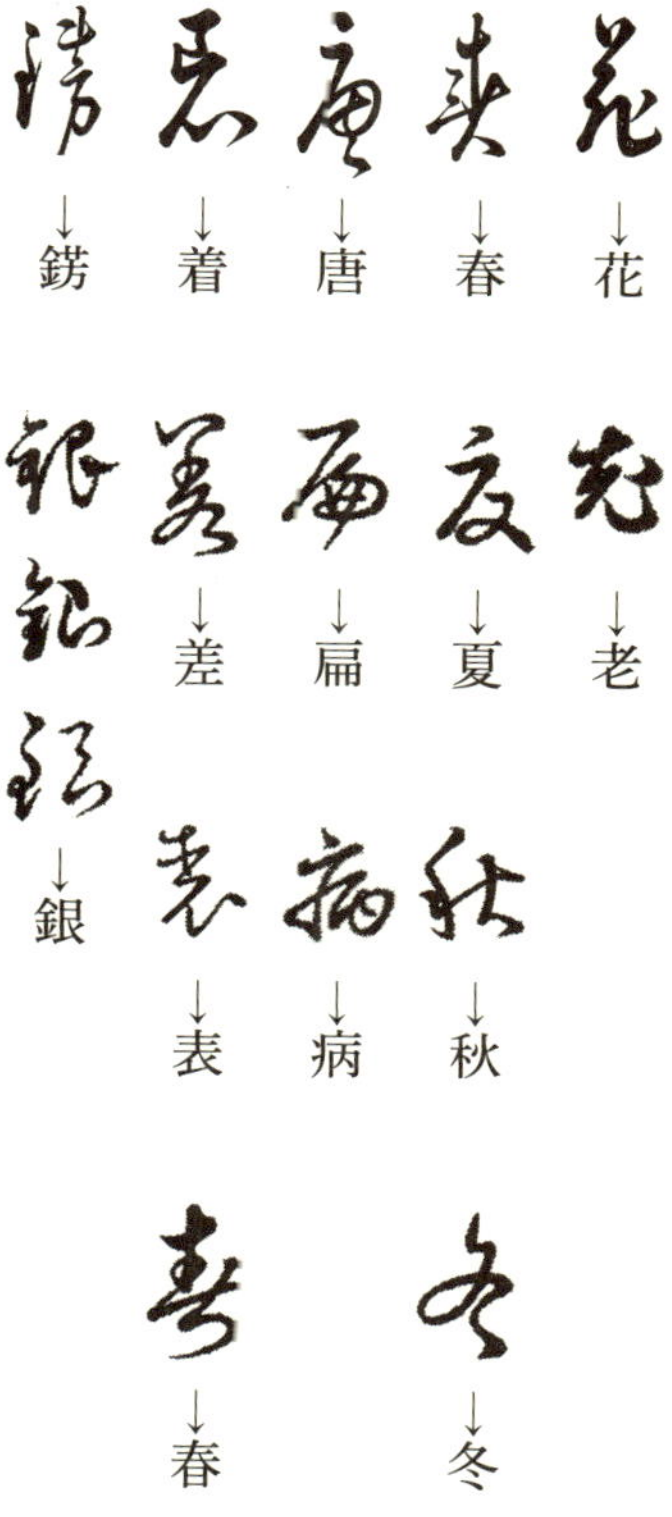
↓花
↓春
↓唐
↓着
↓鎊
↓老
↓夏
↓扁
↓差
↓銀
↓秋
↓病
↓表
↓冬
↓春

Column

ひらがなの誕生

平安時代のはじめは、文学史の上で国風暗黒時代といわれています。日本最初の勅撰の漢詩集『凌雲集』、続いて『文華秀麗集』『経国集』が、嵯峨天皇の時代に編まれますが、ここには和風化した漢文が見られるものの、当時は、まだ文章経国主義の時代であり、朝廷が扱う公文書も、すべて漢字が用いられ、漢文尊重、かな蔑視の風がありました。

しかし、『万葉集』の成立以来、和歌も流行し、はじめはすべて漢字（万葉仮名）で表記していましたが、それだと日本語の繊細な心の表現も味気ないものになってしまいます。

もともと漢字は、表意文字であり、日本語の文章を表記するのに適していなかったのです。

やがて万葉仮名は、楷書から行書、さらに草書と字体がくずされ、草仮名が生まれることにより、字母の漢字とまったく違う形をしたひらがなが誕生していきます。

Ⅱ　天皇の「宸翰」の世界にふれる

日本の歴史を語る上で切り離せないのは、天皇の存在ではないでしょうか。現存する中で最古の物語である『古事記』は、神々が天下を平定して後、「神倭天皇、秋津島に経歴ましき」（神倭天皇が、秋津島〈大和国〉に巡り至られた）と語り出し始めます。

日本の歴史の始まりは、そのまま天皇の歴史の始まりと捉えられ、今日に至るまでの日本の政治、経済、外交、文化のいずれにおいても、天皇の存在なくして語りきることはできません。千五百年以上続く皇室は世界の国々の中でも日本だけで、その豊かな時の流れとともに、日本の文化が発展してきたと考えられるのです。

天皇自らが記した文章のことを宸翰と呼びます。宸翰の「宸」は天皇の住まいを、「翰」は天皇が書いたものを示します。種類は多岐にわたり、手習いで書いた和歌や物語の写し、私的な手紙、国家安泰を願う祈願書などさまざまです。中世以前の宸翰は、現存するものも少なく、聖武天皇や嵯峨天皇などの宸翰は、国宝として指定されています。

また、鎌倉時代から室町時代にかけて記された宸翰は、宸翰様と呼ばれ、書風の一つとして知られています。鎌倉時代には、伏見天皇が世尊寺流や上代様、空海などの書を学び、伏見院流を確立しました。その他にも、後醍醐天皇の後醍醐院流、花園天皇の花園院流などがあります。

これらの流れを受けた後小松天皇（室町時代初期に在位）の書は、後小松院流と呼ばれ、後円融天皇から後土御門天皇まで（室町時代中期に在位）の書風は勅筆流と呼ばれています。その後の後柏原天皇（室町時代後期に在位）は、後柏原院流と呼ばれ、江戸時代初期まで能書として評されていました。天皇の宸翰は、文化的な側面から天皇に触れるためのツールと言えるかもしれません。

本章で取り上げた宸翰は、右に記した天皇の手になるもので、いずれも国の重要美術品に指定されています。伏見天皇（60ページ）や後土御門天皇（72ページ）の宸翰は、力強さと優美さを兼ね備えた一級の美術品であり、後奈良天皇の書（80ページ）は、天皇自らの御歌（天皇御製）を記した宸翰で、価値の高い資料です。筆の運びや墨の濃淡、書の記されている紙の文様などにも目を留めながら鑑賞してみてください。

『拾遺和歌集』①　伏見天皇

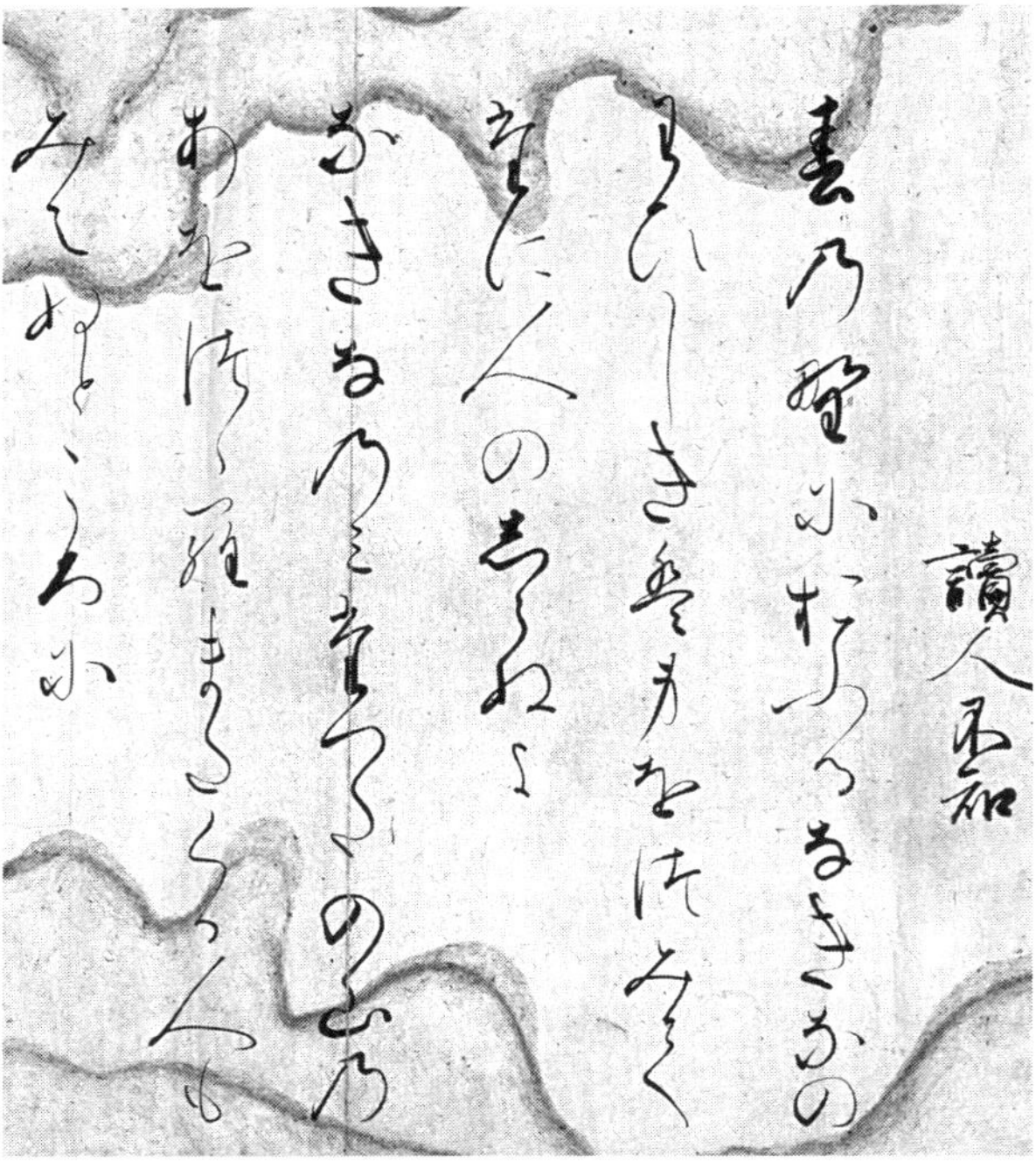

巻頭写真ⅳページ参照

拾遺倭哥集巻第十二　恋二
題不知

解読文

読人不知
春の野におふるなきなの
わひしきは身をつみて
たに人のしらぬよ

なきなのみたつたの山の
あをつゝらまたくる人も
みえぬところに

拾遺和歌集巻第十二　恋二
題知らず

［現代表記］

読人知らず
春の野に　おふるなきなの
わびしきは　身をつみてだに
人のしらぬよ

なきなのみ　たつたの山の
あをつづら　またくる人も
みえぬところに

たつたの山→竜田山。奈良県生駒郡の西方にある山

あをつゝら→ツヅラフジ科の落葉性の蔓(つる)植物

【作品解説】

伏見天皇の筆による『拾遺和歌集』書写の断簡。伏見天皇の在位期間は、一二八七年〜一二九八年。持明院統（後の北朝）と大覚寺統（後の南朝）が、交互に天皇を輩出することを取り決めた両統迭立により、大覚寺統の後宇多天皇の後をうけて即位した持明院統の天皇である。学問や文芸の面でも秀で、和歌は京極為兼を師として『伏見院御集』などの歌集を成したほか、勅撰和歌集のなかで最大となった『玉葉和歌集』は、正和二（一三一三）年に撰進されている。また能書家としても知られ、この作品は、伏見天皇らしい力強さと優美さが感じられる作品になっている。

記されている二つの和歌は、『拾遺和歌集』巻第十二恋二の歌である。最初の歌は「春の野に生えている草木を人は摘むが、私が浮き名の噂にやりきれない思いでいるということを、身を抓んでまでは他人は思いやってくれない」と、次の歌は「浮き名だけが世間で立ってしまっている。私のもとを訪れるような人はいないというのに」と訳せる。

【くずし字解説】

古文書解読の基礎知識ともいえる変体仮名を、この画像から抜きだしてみました。読みと、もとになっている漢字（字母）を確認してください。

①
②
③
④
⑤
⑥
⑦

⑧
⑨
⑩
⑪
⑫
⑬

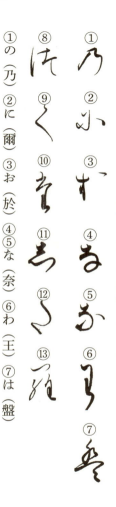

①の（乃）②に（爾）③お（於）④⑤な（奈）⑥わ（王）⑦は（盤）
⑧つ（徒）⑨て（天）⑩た（堂）⑪し（志）⑫た（多）⑬ら（羅）

次は現代ひらがなですが、単独だとむずかしいですね。

→ら
→る
→え

このようなくずしは、やはり文節として読んでみることが必要です。和歌の解読が困難な理由が、この三字のくずしによく表れています。

『拾遺和歌集』② 伏見天皇

巻頭写真ⅳページ参照

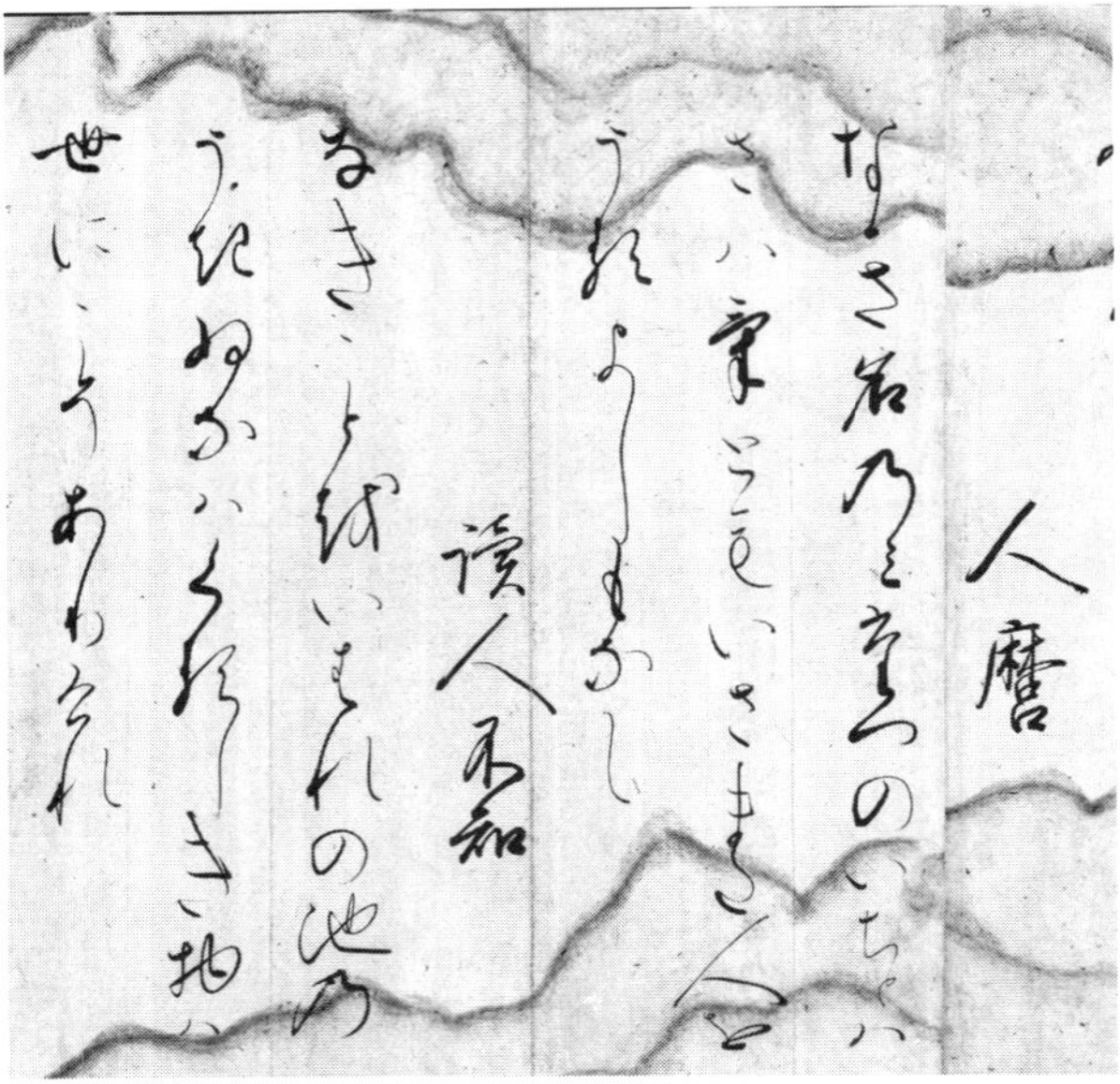

解読文

人麿
なき名のみたつのいちとハ
さハけともいさまた人を
うるよしもなし

読人不知
なきことをいはれの池の
うきぬなハくるしき物ハ
世にこそありけれ

［現代表記］

人麿
なき名のみ　たつのいちとは
さはげども　いざまた人を
うるよしもなし

読人知らず
なきことを　いはれの池の
うきぬなは　くるしき物は
世にこそありけれ

【作品解説】

前作からの続き。こちらも伏見天皇筆による二首の歌が記されている。最初の歌は、歌聖と称された柿本人麻呂（かきのもとのひとまろ）の歌で、「浮き名のみが世間で立ってしまい、皆は騒いでいる。だからと言って、噂の相手を得たわけでもないのに」と訳すことができる。前二首から続いている「なきな」とは、「無き名」であり「浮き名（恋の噂）」のことを表す。つまり、「なきながたつ」とは「浮き名が立つ」ことであり、恋に関連した嘆きをいう場合に多く用いられる。

続く歌も同じで、「なきことをいわれ」とは、「事実とは違う浮き名を世間で立てられている」ということを示す。「いわれ」は「磐余（いわれ）」と「言われ」がかかった掛詞（かけことば）になっている。「磐余」は、灌漑用につくられたという「磐余池」のことで、奈良県桜井市南西部から橿原（かしはら）市周辺にあった。『日本書紀』では、五〜六世紀の天皇は、磐余に宮城を置いたと記されている。訳は以下。「身に覚えのない浮き名の噂が世間で広まっている。苦しくつらいものはこの浮き世であるとつくづく感じる」

【くずし字解説】

→「のみ」　→「さはけ（騒げ）」

ここでの「み」は「ミ」、「は」は「ハ」と表記するのが一般的です。もちろん「ミ」は「み」と解読してもかまいませんが、「ハ」は「は」にしないで、そのまま「ハ」とします。

→「る」（字母は「類」）、→「こそ」、→「こと」

「こ」の下の部分が省略され次の字とくっついて書かれています。これは合字（ごうじ）といいます。「こそ」は「ころ」と紛らわしいので注意してください。

右の「こそ」の続きで「ありけれ」と読みます。「り」は「利」を字母とする変体仮名です。「わ」ではありませんのでご注意を。「け」は、「介」を字母としています。

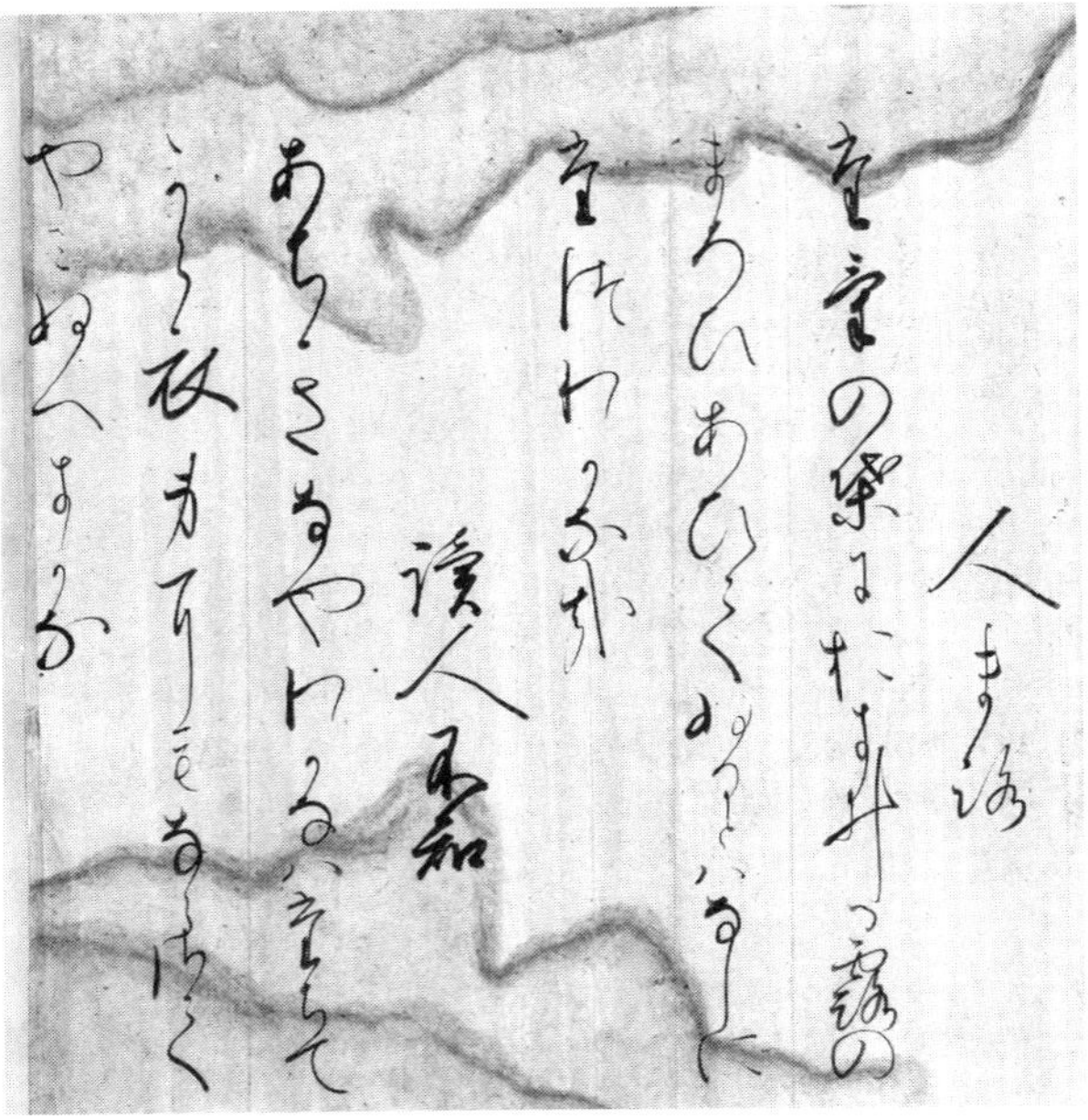

『拾遺和歌集』③　伏見天皇

巻頭写真ⅳページ参照

解読文

人まろ

たけの葉におきゐる露の

まろひあひてぬるとハなしに

たつわかな哉

読人不知

あちきなやわかなハたちて

から衣身にもならさて

やみぬへきかな

［現代表記］

人まろ

たけの葉に　おきゐる露の

まろびあひて　ぬるとはなしに

たつわがな哉（かな）

読人知らず

あぢきなや　わがなはたちて

から衣　身にもならさで

やみぬべきかな

【作品解説】

前作からの続き。最初の歌は、「竹の葉に置いた露が転がって寄り合うように、共寝をしたわけでもないのに、なぜ私の浮き名が世間で噂されるのだろうか」と訳すことができる。「たけの葉におきゐる露の」の語は、露の玉の転がり合う様子から、「まろびあひて」を導く序詞として作用している。「まろびあふ」は、男女の共寝の様を表している。

次の歌は、「にがにがしいことだ。身に覚えのない浮き名は立つものの、事実はそれとは異なり、肌に触れることもなく恋が終わりそうだというのに」と訳すことができる。「たちて」は、「名が立つ」に、「唐衣」の縁語である「裁つ」を掛けている。また、「身にもならさで」は、「衣を体に馴染ませる」と「共寝をする」の二つの意を掛けている。

60ページから続く伏見天皇による『拾遺和歌集』の写しは、「流水」の文様の和紙に記されている。「流水」は小川を表し、古くは弥生時代の土器などにも見られる。全体に動きがあることから、連綿と続く情緒的な感情を読み取ることができる。恋部の歌を記すのに適した文様の和紙だと言える。

【くずし字解説】

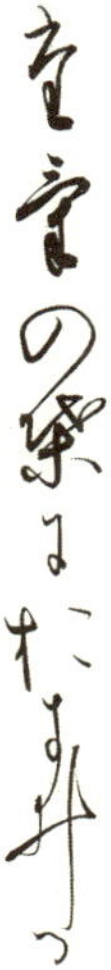

これが読めれば、相当の実力者です。

まず読んでみて意味が通じなければ、部分修正していきます。最初の五文字は「たけの葉に」と読みますが、二文字目は、「氣」（新字では「気」）を字母とする「け」です。次の四文字が難関です。「おまゐる」「おすゐる」では意味不明です。解決の糸口は、二文字目の解読にかかっています。これは「支」を字母とする「き」なのです。よって「おきゐる」となります。なお、三文字目は「井」のくずし字で、「い」ではなく「ゐ」と解読します。

「たつわかな哉」と読みますが、「わ」は67ページのくずし字の解説で出てきた「り」との違いを押さえてください。・は「わ」、は「り」です。

これは「耳」を字母とする「に」です。「耳」は「に」と読むのです。

『新古今和歌集』　後土御門天皇

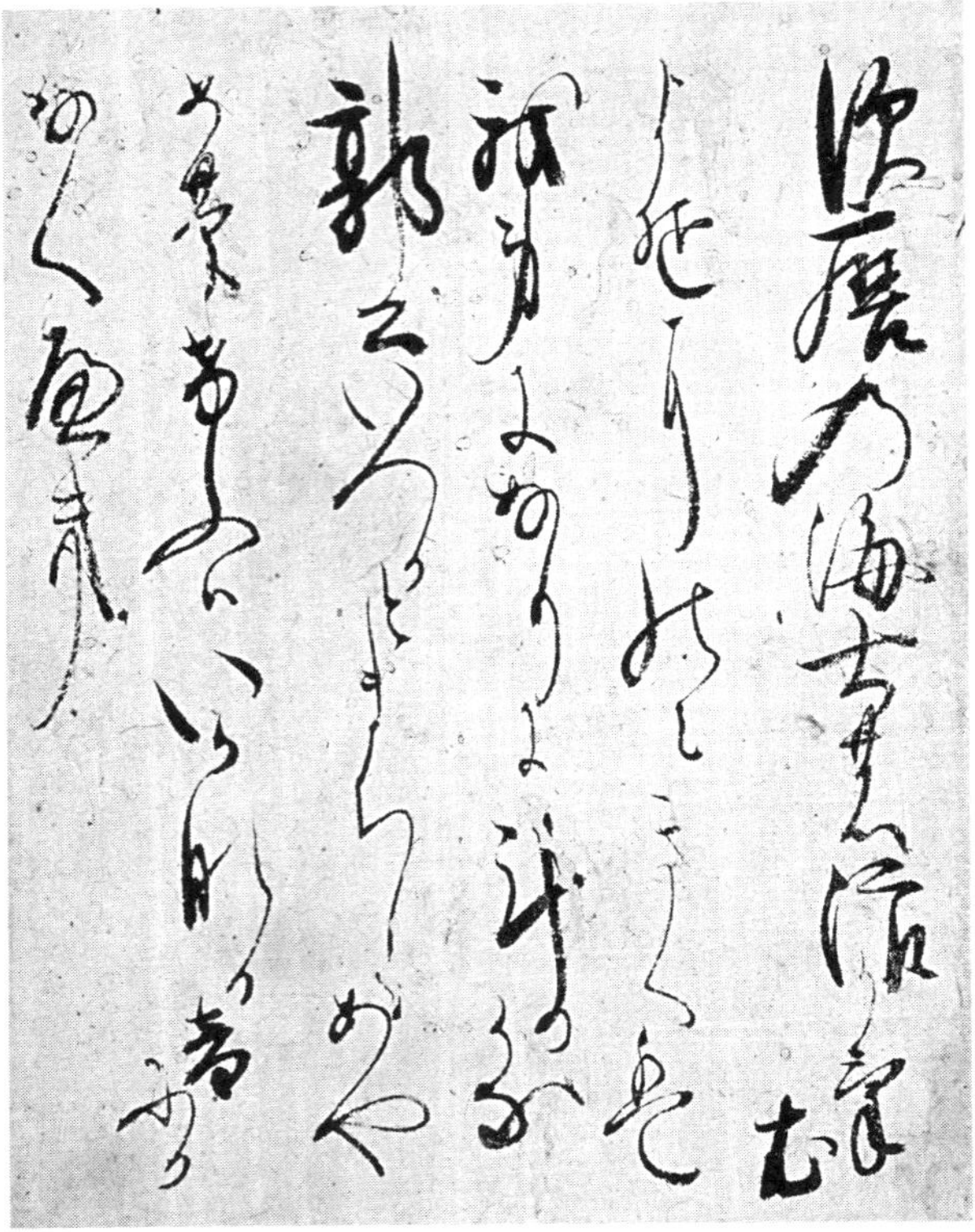

解読文

須磨の海士の浪かけ衣
よそにのみきくは
我身になりにけるかな

郭公いつかとまちしあや
め草けふハいかなる音にか
なくへき

［現代表記］

須磨の海士（あま）の
浪かけ衣
よそにのみ
きくは我身に
なりにけるかな

郭公（ほととぎす）
いつかとまちし
あやめ草
けふはいかなる
音にかなくべき

【作品解説】

後土御門天皇筆による和歌の写し。後土御門天皇は、寛正五（一四六四）年に践祚し、翌年即位、一五〇〇年まで在位した。即位の後、ほどなくして応仁・文明の乱が始まり、約十一年に及ぶ戦の世が続いた。この戦乱により朝廷の経済は困窮し、廃止となる祭礼も多くあったが、後土御門天皇の尽力により、戦乱の後、再興を果たしている。

記されている二首のうち、初めの一首は『新古今和歌集』にも採られた藤原道信の歌で、「須磨の海人の、いつも波で濡れている衣――今まで他人事として聞いていたが、我が身の上のことになってしまい、恋のために涙してばかりいる」と訳すことができる。この歌は、『道信集』では、「ある人のもとに聞こゆる」という詞書が付されており、かつての恋人へ贈ったとの想定で記された歌である。

次の歌は、『新古今和歌集』巻第十一恋歌一に収められた藤原公任の歌である。「五月五日、馬内侍に遣はしける」との詞書が付されている。訳は以下。「ほととぎすが鳴くのはいつかと待っていたら、五月五日の節句になった。今日はどのように鳴くのであろうか」

【くずし字解説】

かなりくずした字で書かれています。古語辞典で意味も考えながら、読みの候補を絞り込んでいく必要があります。

「須磨の海士」につづく部分ですが、難解です。まず、最初のは「の」（字母は「農」）ですが、次のがむずかしい。「渡」「作」「浪」などが候補にあがりそうです。そのあとをひらがなと考え「りけむ」と読めれば、「渡りけむ」も「作りけむ」もよさそうですが、は「む」ではありません。これは「ころも」の漢字「衣」なのです。とすれば「□りけ衣」では意味が通じないということで、「り」と読むのはまちがいだとわかります。これは「か」なのです。これで「□かけ衣」は「浪かけ衣」と読めることになります。

↓「よそにのみきくは」

「そ」は「楚」、「に」は「耳」、「み」は「三」、「は」は「盤」が字母です。

『和漢朗詠集』 後柏原天皇

巻頭写真ⅴページ参照

解読文

（写真上　最初の四行）

花月一窓　交昔昵

雲泥万里　眼今窮

（写真下）

うれしさをむかし
　は袖につゝみけり
こよひは身にも
　余りぬるかな

［書き下し文・現代表記］

花月(かげつ)一窓(いっそう)交(まじわ)り昔昵(むつま)じかりき
雲泥(うんでい)万里(ばんり)眼(まなこ)今窮(きわ)まりぬ

うれしさを
むかしは袖に
つつみけり
こよいは身にも
余りぬるかな

【作品解説】

後柏原(ごかしわばら)天皇の筆による『和漢朗詠集(わかんろうえいしゅう)』の書写。後柏原天皇は、前掲作品の後土御門天皇を父とし、その死去を受けて即位した。在位は一五〇〇年〜一五二六年。土御門天皇と同様、応仁の戦乱で衰退した朝儀(ちょうぎ)の再興に尽力する一方、詩歌や管弦などにも長(た)け、歌集『柏玉集(はくぎょくしゅう)』をまとめている。

写されているのは『和漢朗詠集』巻下、慶賀に収められている橘正通(たちばなのまさみち)の漢詩と、作者未詳の和歌である。まず漢詩は「君と私は、花月などを愛でながら交流を深めてきた。しかし、今君は高貴な身分の人となり、微官に留まっている私とは天地ほども離れてしまい、目に届かなくなってしまった」と訳せ、旧友への今昔の感を読み取ることができる。

続く和歌は、「昔は嬉しさを袖に包んだというが、今宵の私の嬉しさは袖に包むどころか、身にも余ってしまうほどである」と訳せる。『和漢朗詠集』では、この歌に作者名は付されていないが、『撰集抄(せんじゅうしょう)』では、藤原斉信(ただのぶ)より先に昇進した藤原公任(きんとう)の喜びを表した歌として出ている。しかし、『公任集』（自撰和歌集）では見ることができない。

【くずし字解説】

上の漢文体では、は、うかんむりで、下は心と考えて「窓」を、とは、旁（つくり）の部分が「尼」で、それぞれ「めへん」と「さんずい」ですから、「眤」と「泥」となります。

下の和歌では、は「れ」「は」「に」「つ」「け」ですね。字母は、それぞれ「禮」「盤」「耳」「徒」「介」になります。

は「こよひは身にも」ですが、「よ」と「に」は、始筆の形で区別してください。「」なら「よ」、「」なら「に」になります。

は食偏で旁の部分は余ですから「餘」となりますが、これは旧字なので、新字の「余」で解読します。

御製歌　後奈良天皇

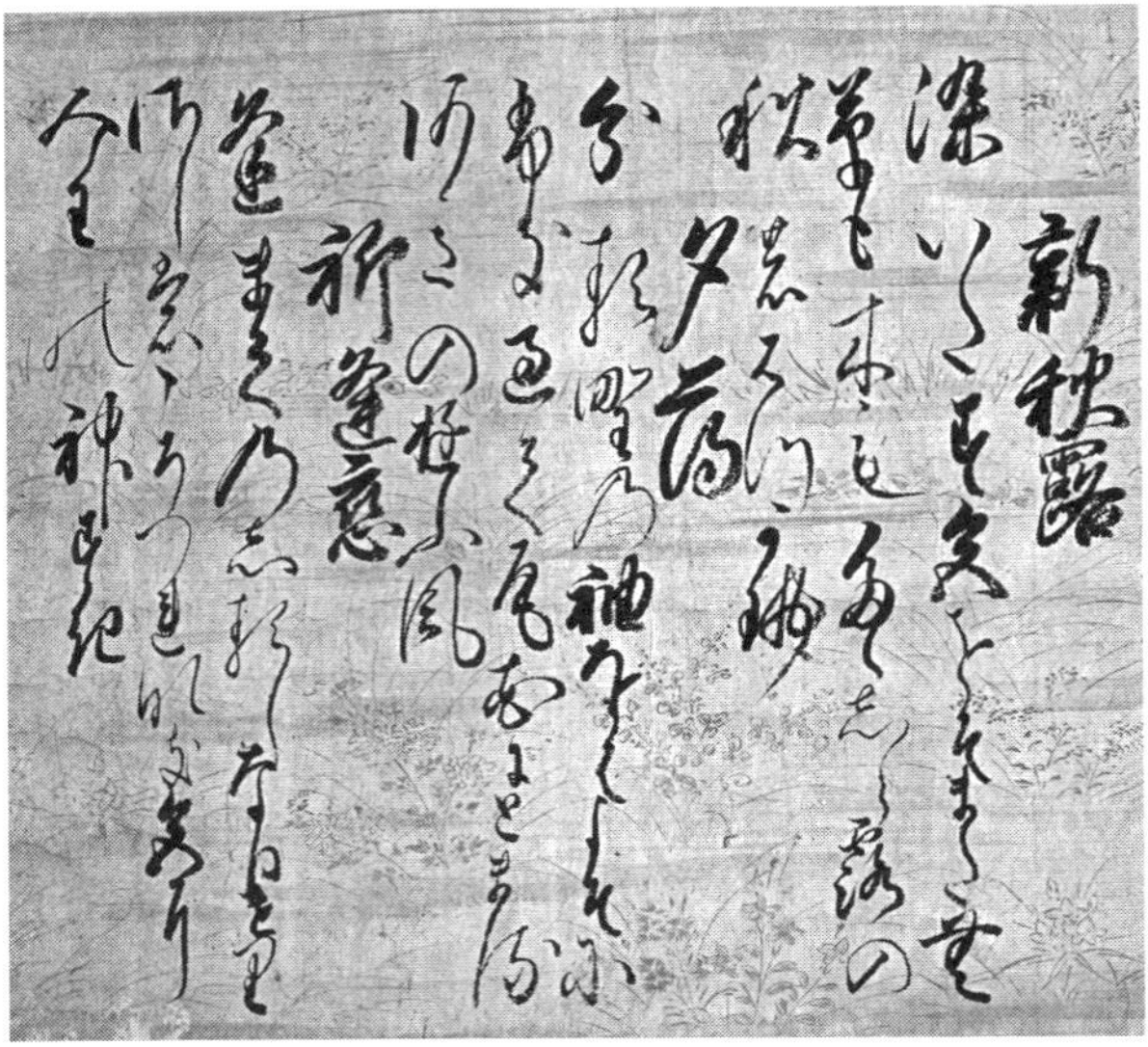
新秋露

解読文

新秋露
染いたす色をそまたむ
草も木もたゝしら露の
秋のはつかせ

夕薄
分る野の袖をはよそに
ふき過て尾花にとまる
あきのゆふ風

祈逢恋
逢までのしるしなりけり
さしもこそつれなき色に
みわの神すき

［現代表記］

新秋露
染いだす　色をぞまたむ
草も木も　ただしら露の
秋のはつかぜ

夕薄
分る野の　袖をばよそに
ふき過て　尾花にとまる
あきのゆふ風

祈逢恋
逢までの　しるしなりけり
さしもこそ　つれなき色に
みわの神すぎ

【作品解説】

後奈良天皇の筆になる御製歌の書。後奈良天皇は、一五二六年〜一五五七年に在位した。父である後柏原天皇の後をうけて践祚。朝廷の財力が最も衰えていた時代であったため、即位式は、地方豪族の献金によって、践祚から十年してようやく挙行された。学問を好み、清原宣賢らから漢籍を、三条西実隆、公条から古典を学んだ。また文筆に長じ、御製の和歌も多く伝わっている。本作はその一つである。

各歌の前に付されているのは歌の題で、和歌は多くの場合、題をもとに作歌される。最初の和歌は「新秋露」という題であるため、「草木染めのために草木を摘み取る前に白露が降りてしまった。秋が来たのだろう」と秋の訪れを詠みだしている。また、「夕薄」という題の和歌は、「恋人と袖を振って別れ、寂しい思いをしている私をよそに、秋風は尾花（すすき）にとまるように、そよそよと揺れている」と夕暮の別れの切なさを詠んでいる。「祈逢恋」では、「逢うまでの標しなのだろう。だけれども、三輪山の杉がつれない色をしているように感じる」と、恋人との再会を切に祈る気持ちが詠まれている。

【くずし字解説】

標準的な解読力を試すにはちょうどよい教材です。まず漢字一〇題に挑戦してください。

次にひらがなです。次の二〇題に挑戦してください。

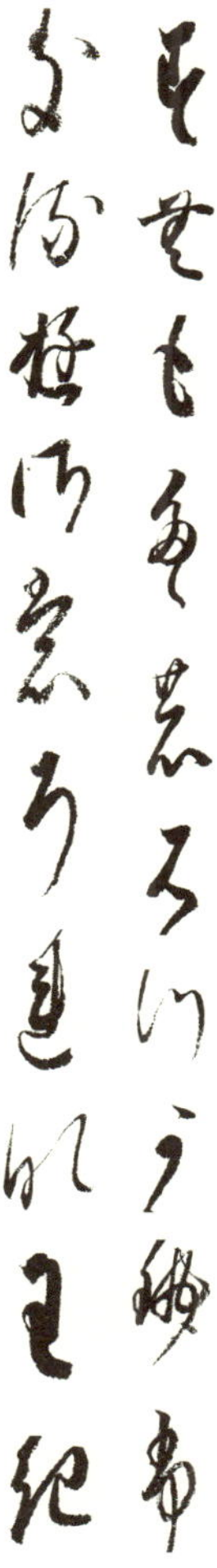

八割以上できれば、十分な解読力があると思います。

【漢字】上から　色　露　薄　過　分　尾　花　逢　恋　神

【ひらがな】一行目　上から　す　む　も　た　の　は　つ　か　せ　ふ

（字母）　春　無　毛　多　農　者　川　可　勢　布

二行目　上から　き　る　ゆ　さ　も　そ　れ　な　わ　き

（字母）　文　流　遊　佐　裳　曾　連　那　王　起

『続千載和歌集』『風雅和歌集』　正親町天皇

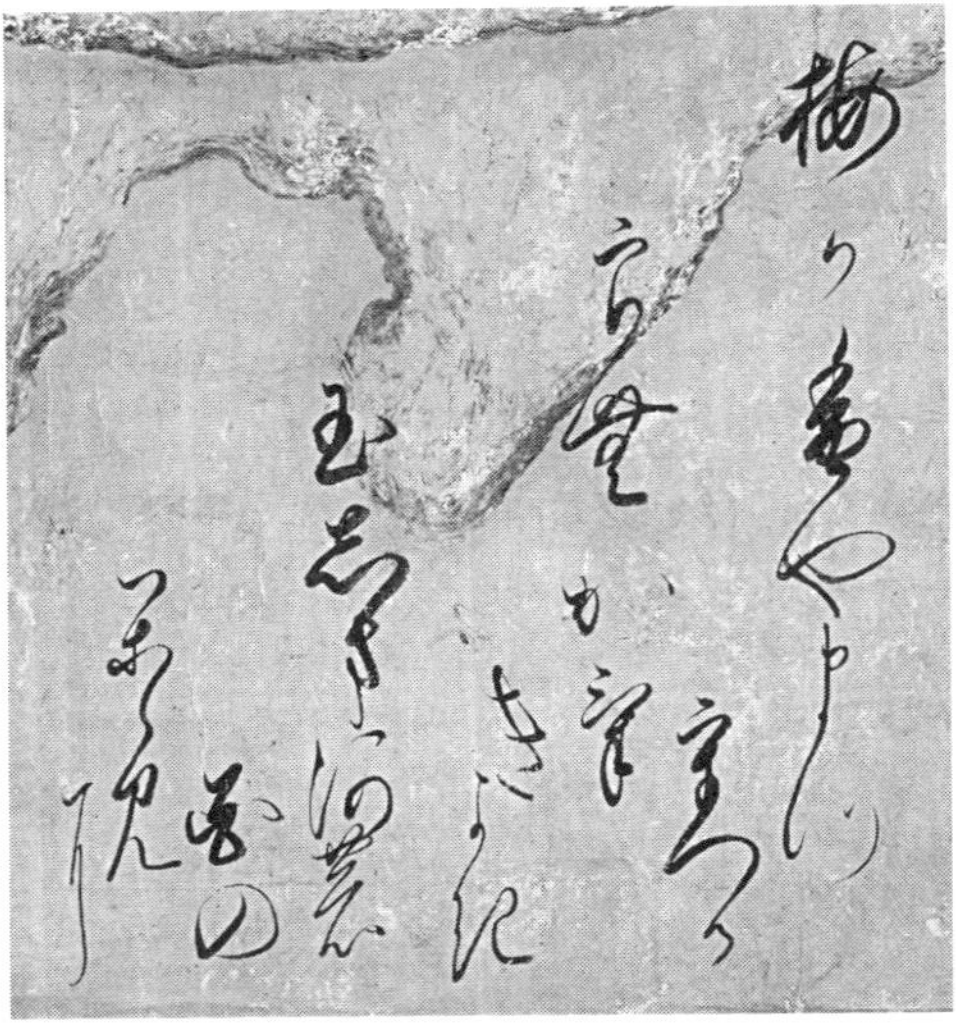

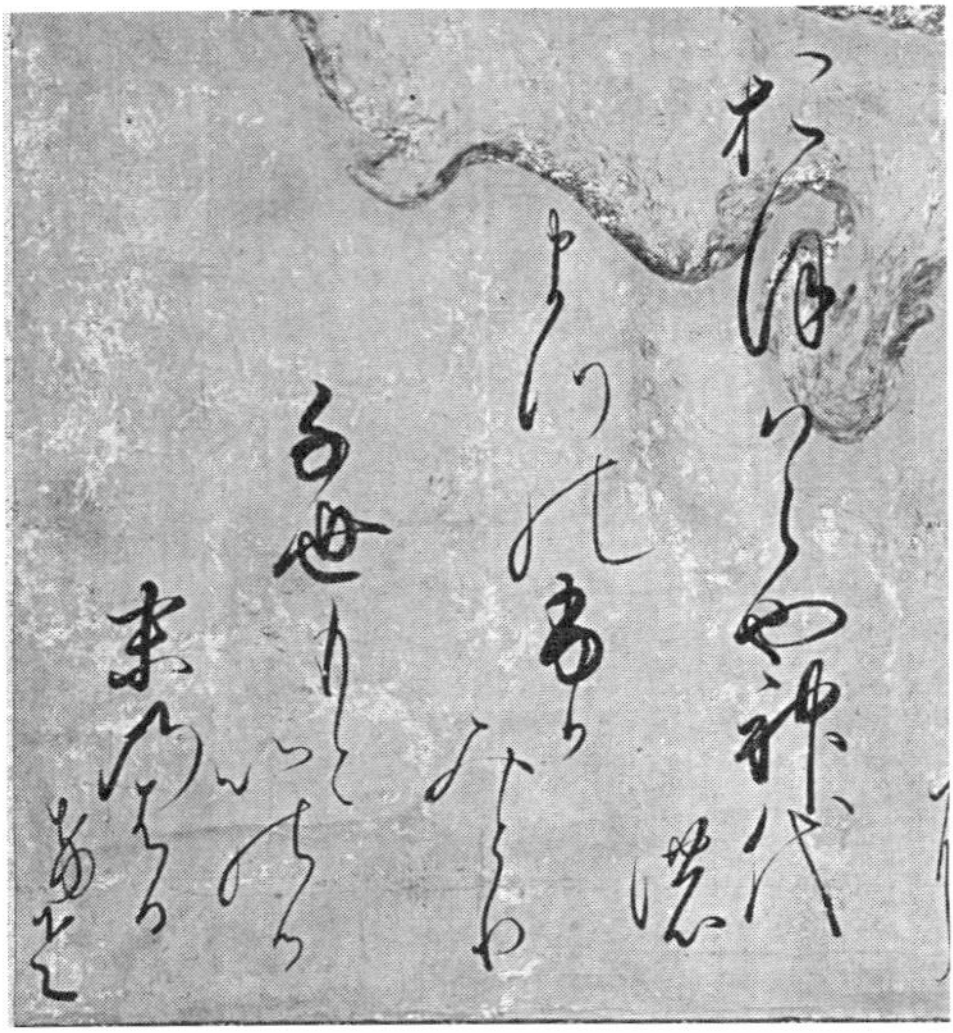

解読文

（写真　上）
梅か香やまつ　うつる
らむかけ　きよき
玉しま河の　花の
かゝみ　に

（写真　下）
おほハらや神代　の
まつのふか　みとり
千世もと　いのる
末のはる　けさ

〔現代表記〕

梅が香や
まずうつるらむ
かげきよき
玉しま河の
花のかがみに

おほはらや
神代のまつの
ふかみどり
千世もといのる
末のはるけさ

玉しま河→佐賀県北部の唐津湾に注ぐ川

おほはら→京都市西京区大原野にある神社

【作品解説】

正親町(おおぎまち)天皇による和歌の写し。正親町天皇は、後奈良天皇の第一皇子で、名を方仁(みちひと)という。弘治三（一五五七）年に践祚(せんそ)したものの、動乱の最中で即位式ができず、践祚から三年後に即位した。織田信長や豊臣秀吉らの援助を受けて皇室の再建を図った。御教訓の書や朝儀に関する覚書の書が御撰(ぎょせん)として残り、『正親町院御百首』が御製としてある。

写真上の和歌は、「うつる」が「映る」と「移る」を示す掛詞(かけことば)となっており、「影」「きよき」が「玉」「鏡」を連想させる縁語となっている。訳は以下。「川辺の梅が良い薫りを漂わせている。清らかに光り輝く玉という名の玉島川は花の鏡であろうか。しかし、花よりも先に花の香りが移っているようである」

また、写真下の和歌は『風雅和歌集』巻第二十に収められている円光院入道前関白太政大臣の歌である。この歌の前には「嘉元二年伏見院に三十首歌たてまつりけるとき、社頭祝」との詞書(ことばがき)が付されている。訳は以下。「大原野神社の松の深い緑色のように、行く末々が栄えるようにと祈る」

【くずし字解説】

ひらがなの中で特徴のあるくずし字を拾ってみましょう。

写真上段

写真下段

答えは、字母と合わせて次のようになります。

写真上　う（宇）る（留）ら（良）む（無）け（氣）ま（万）の（農）か（閑）

写真下　ほ（保）の（濃）ふ（布）り（利）け（希）さ（左）

この中で、「ふ」、「け」の違い、「わ」に見える「り」は要注意です。

『金葉和歌集』　後陽成天皇

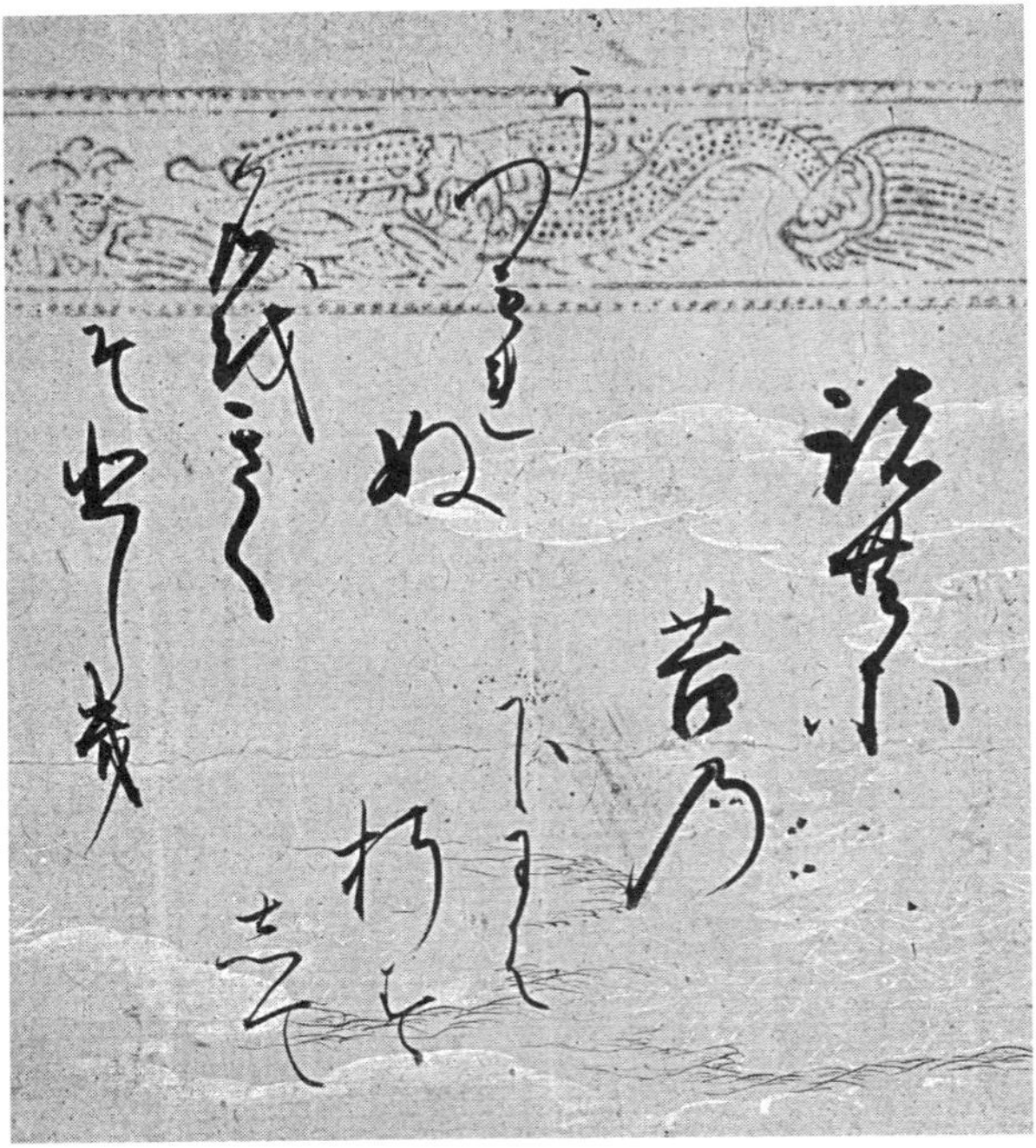

解読文

諸共に
苔の
下には
朽す
して
うつもれ
ぬ
名をきく
そ悲しき

［現代表記］

諸共に
苔の下には
朽ずして
うづもれぬ名を
きくぞ悲しき

【作品解説】

後陽成天皇による和泉式部の歌の書写。後陽成天皇は、正親町天皇の養子となって即位した。在位期間は、一五八六年～一六一一年。国学を好み、『伊勢物語』や『源氏物語』などの講義を自ら行ったり、和歌・書道・絵画も嗜んだ。また、木製活字による数種の古典籍印刷は、慶長勅版として知られ、文化史上の大きな意義を残している。

記されている和歌は、『金葉和歌集』雑歌下に収められている和泉式部の歌で、「諸共に苔の下には朽ずしてうづもれぬ名をきくぞ悲しき」の順で読む。なお、『新古今和歌集』などに記されるのは「きくぞ」ではなく「みるぞ」であり、写し違いか、依拠した写本の間違いによるものと考えられる。

歌には「小式部内侍うせて後、上東門院より年ごろたまはりけるきぬを、なきあとにもつかはしたりけるに、小式部内侍と書きつけられたるを見てよめる」との詞書が付されている。和泉式部は、子である小式部内侍に先立たれた悲しみを多くの和歌に残している。訳は以下。「苔むした墓に入った娘の肉体はなくなったが、下賜された衣につけられた名前まで一緒に朽ちたわけではない。それを思うと悲しさが一層深くなる」

【くずし字解説】

↓諸共

読みは「もろとも」。「諸」は典型的なごんべんです。ところがはごんべんではありません。これはあしへんで「路」なのです。つまり、始筆の点と第二画との間が狭ければごんべん、やや広ければ、あしへんになります。「共」は終筆のくずしに特徴があるので覚えておきましょう。

↓朽

これは旁（つくり）の部分が「丂」となるくずしです。もしこれが、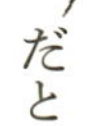だと「朽」ではありません。この旁のくずしは「斤」「干」「亍」のどれかなのです。これは、てへんなので、組み合わせて漢字を作って見ると「折」ということになります。

次の三つを読んでください。

答えは「肝」「行」「祈」となります。

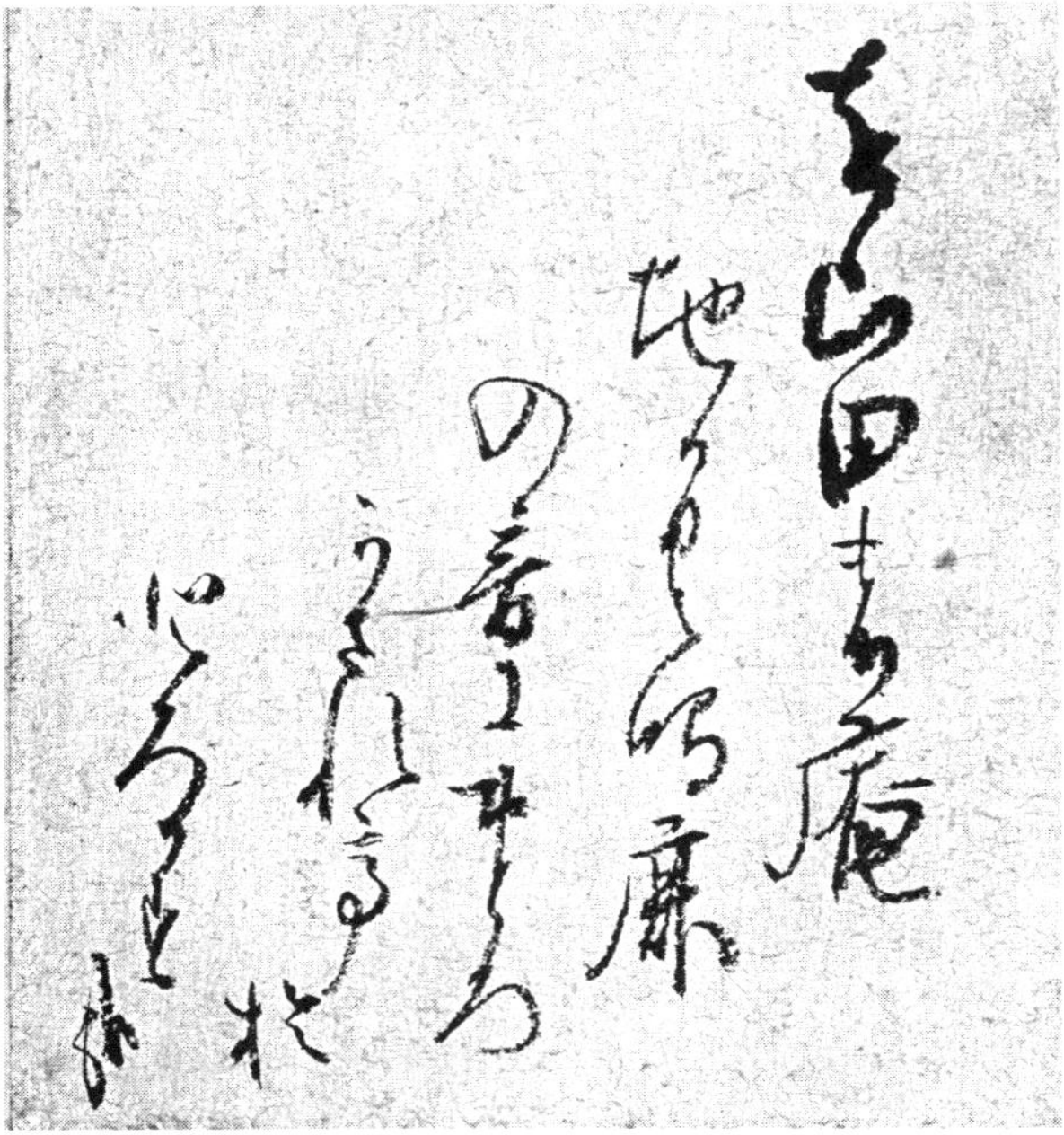

『新古今和歌集』　後水尾天皇

解読文

を山田の庵
ちかく鳴鹿
の音におとろ
かされてお
とろかす哉

［現代表記］

を山田の
庵（いお）ちかく鳴（なく）
鹿の音（ね）に
おどろかされて
おどろかす哉（かな）

【作品解説】

後水尾天皇の手による『新古今和歌集』の書写。後水尾天皇は、後陽成天皇の第三皇子として生まれる。在位期間は、一六一一年～一六二九年。二代将軍徳川秀忠（一五七九～一六三二）の娘・和子を中宮とするなど、江戸幕府との関係は緊密になっていた。しかし後水尾天皇は、禅僧の沢庵等へ紫の衣着用の勅許を幕府に無断で下したことを咎められ（紫衣事件・一六二七年）、これを契機に、幕府への不満を表すかたちで、幼い内親王であった明正天皇に譲位し、自らは院政を敷いた。後水尾天皇は、芸術にも造詣が深く、「玉露」との俳名で詩歌や連歌を好んだ。御集に『鷗巣集』がある。

この和歌は、『新古今和歌集』巻第五秋歌下に収められている西行法師の歌である。「山田の庵の近くで鳴く鹿の声に驚いて目を覚ましたので、自分も鳴子を鳴らしてその鹿を驚かせたものよ」と訳すことができる。「おどろく」は、現代語と同じく「驚く」という意味のほかに「目を覚ます」との意味も有している。同音異義語を上手く使い、山田での楽しい生活をイメージさせる歌になっている。

【くずし字解説】

かなりくずれていて、読みにくいひらがながいくつか見られます。

これは、それぞれ「の」(農)、「く」(具)、「お」(於)となります。左の例のようにくずれの度合いを普通にすれば、「の」「く」「お」と読めますね。

なお二番目の「く」(具)は、次の後西天皇の宸翰で使われている「にくき」の「く」です。要は、基礎をしっかり身に付けておくことが、応用問題を解く鍵になるのです。

写真の一番最後の字、はなんでしょうか。

旁の部分に注目してください。かたかなの「ト」に見えますね。これはが標準的なくずしで、「や」「か」「かな」などと読む助字です。ここでは「哉(かな)」と読みます。

『源氏物語』後西天皇

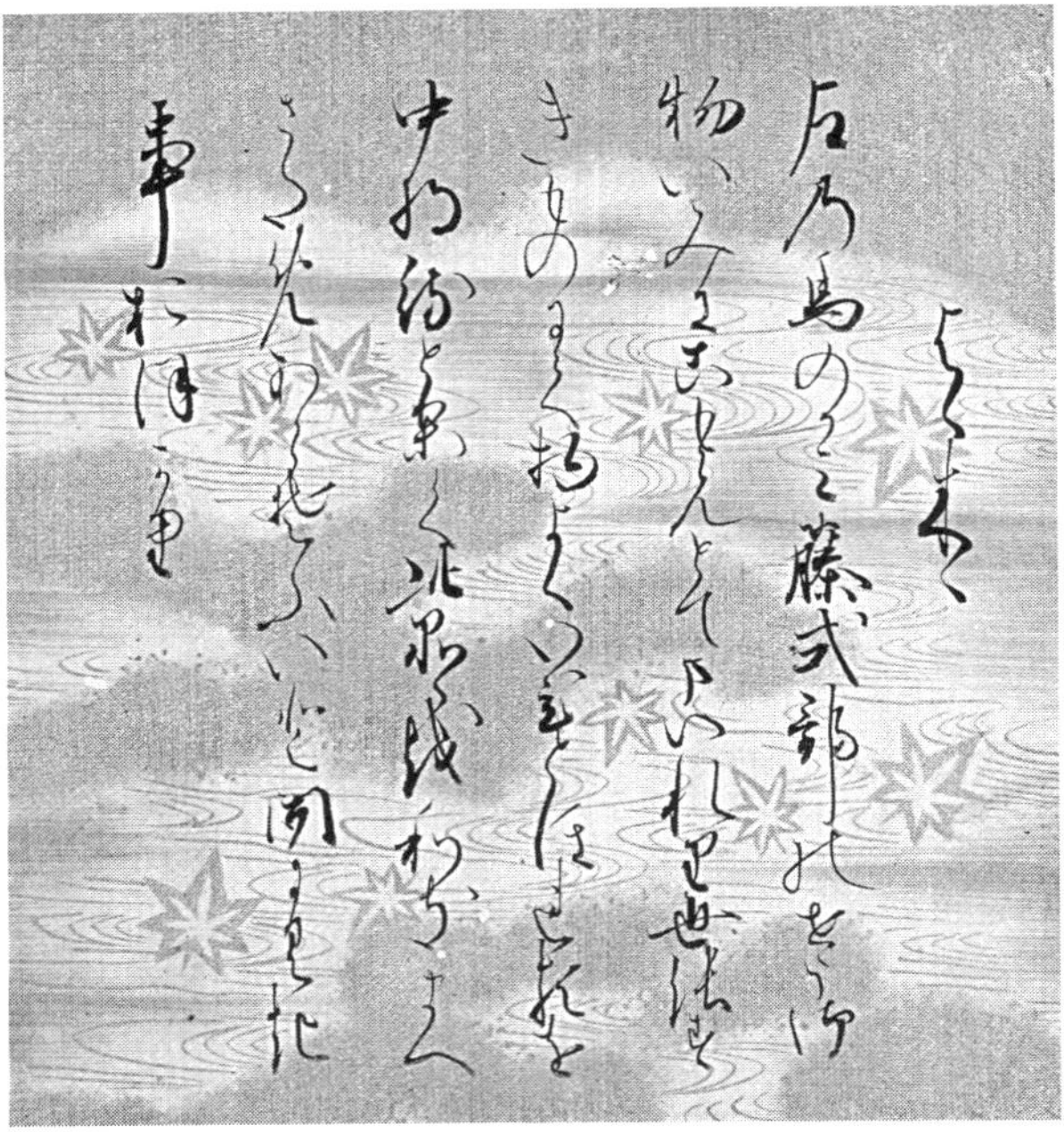

巻頭写真ｖページ参照

解読文

は丶木々
左の馬のかみ藤式部のせう御
物いみにこもらんとてまいれり世のす
きものにて物よくいひとほれるを
中将待とりて此品々をわきまへ
さためあらそふいと聞にくき
事おほかり

［現代表記］

はは木々
左の馬のかみ　藤式部のぜう
御物いみにこもらんとてまいれり
世のすきものにて　物よくいひとほれるを
中将待とりて　此品々をわきまへ
さだめあらそふ　いと聞にくき事
おほかり

【作品解説】

後西天皇筆による『源氏物語』帚木の巻の書写。後西天皇は、後水尾天皇の第八皇子として誕生。在位期間は一六五五年～一六六三年。父天皇の資質を受け継ぎ、和歌や連歌に優れ、古典への関心も高かった。ほかにも書道や茶道、香道にも精通し、勅作の香銘も多くある。また、古記録の謄写にもあたり、譲位の後もその活動を続けた。

この書は、『源氏物語』帚木巻における雨夜の品定めの一部を書写している。長雨の続く五月のある一夜、光源氏と頭中将が女性について品評している中に、物忌で左馬頭、藤式部丞がやって来て、四人で女性論を交し合うことになった。左馬頭と藤式部丞は「世のすきもの」（世間で知らない人のいない好色者）で、頭中将はその二人が来たことで話が盛り上がると感じたということが「中将待とりて」（頭中将は待ちかまえていたと言わんばかりに迎え入れて）との言葉から分かる。

なお、この書の頭に「はゝ木々」とあり、その後に「左の馬のかみ……」と続いているが、帚木の冒頭の文言とは異っており、抜き書きされたと推定される。

【くずし字解説】

冒頭のは「左」ですが、「右」と合わせて違いをマスターしておきましょう。

↓「左」　↓「右」

見分け方として押さえておきたいのは、左は「ノ」が、右は「一」が強調されることです。これは、左と右で書き順が違うことが影響していると思われます。もちろん人によって書き順はちがうし、字形もさまざまですが、左右の見分け方の一つとして紹介しておきます。

変体仮名のくずしとしてはむずかしい部類ですが、それぞれ「の」(能)、「る」(類)、「り」(梨)、「き」(記)となります。三番目は、上が「わ」のように見えますが、これは「り」で「利」をくずしたものです。下は「木」をくずしているので、「梨」すなわち「り」と読めば正解となります。

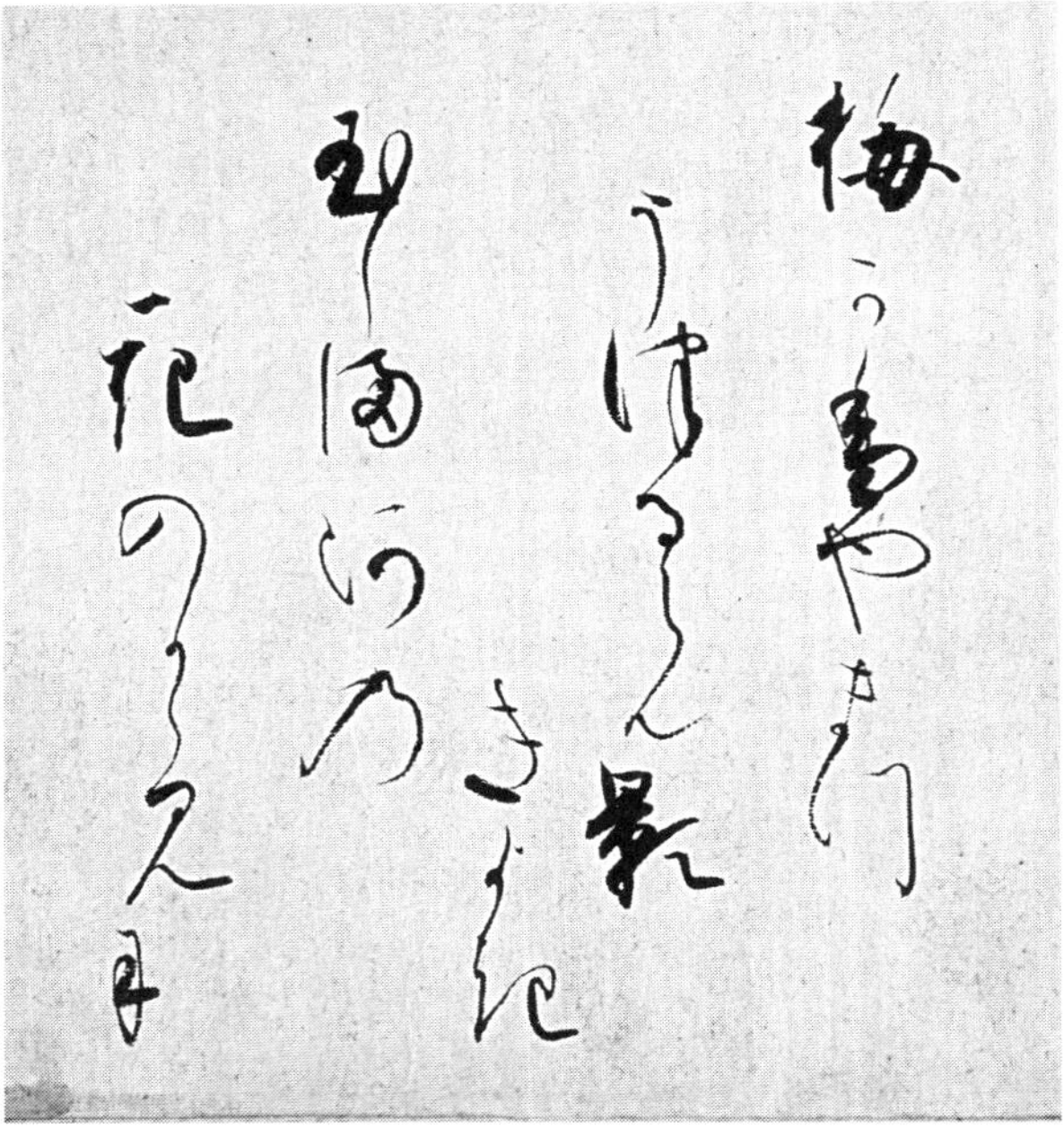

『続千載和歌集』　霊元天皇

解読文

梅か香やまつ
うつるらん影
　　きよき
玉しま河の
花のかゝみに

〔現代表記〕

梅が香や
まずうつるらん
影きよき
玉しま河の
花のかがみに

【作品解説】

霊元天皇筆による和歌の写し。霊元天皇は、後水尾天皇の第十八皇子で、在位期間は一六六三年～一六八七年。幕藩体制の中で朝廷儀礼の復興に尽力し、長く絶えていた大嘗祭や立太子式などの朝儀を再興させた。また、有職故実に明るく、文芸の才能も優れていた。なかでも歌道を好み、一代でおよそ六千首に及ぶ歌を詠み、和歌に関する撰著も三十種以上におよぶ。

記されている和歌は、84ページの上の写真にある、正親町天皇書写の和歌と同じ和歌である。この歌は『続千載和歌集』巻第一に収められている藤原定家の歌で、歌の前には「名所百首歌たてまつりける時」との詞書が付されており、「名所」を題材として詠まれた歌であることが分かる。「玉しま河」は、佐賀県北部の唐津湾に注ぐ川で、神功皇后がこの川で鮎を釣って魚占いをしたことが、『古事記』、『日本書紀』、『肥前風土記』などに記されている。なお、この歌は本歌取りの歌で、本歌は『古今和歌集』に収められた、伊勢（女流歌人）の「年をへて花の鏡となる水はちりかかつをや雲るといふらむ」である。

【くずし字解説】

これは、前出の正親町天皇の宸翰（84ページ）とまったく同じ歌を書いたものです。ぜひ、使用している文字を対照して見てください。文字を強調した箇所が違っています。三十一文字中、十字が字体の違う文字で書かれていることがわかります。

［霊元天皇］　梅可香や　ま川う津るらん　影　きよ記　玉し満河乃　花の可ゝ見丹

［正親町天皇］　梅可香や　ま川宇つる良無　か気きよ記　玉志万河農　花の閑ゝ見耳

［解読文］　梅か香や　まつうつるらむ　かげきよき　玉しま河の　花のかゝみに

霊元天皇と正親町天皇のひらがな使用に、それぞれの筆癖（ふでくせ）が浮かびあがってきます。このような字体の文字分析を行うことで、自筆か他筆かを判別する方法を、古筆学的研究といいます。真贋（しんがん）判定の上で重要な情報を提供してくれているのです。

より正確な解読のためには、同じ人が書いた文書を多く集め、そこに現れる字体、くずし字の筆癖を把握する必要があります。一字だけを相手に、くずし字辞典をあちこち探して膨大な時間をかけるより、同人筆の紙上のほかのところから、似たくずし字を探してみるのも有効な解読法の一つなのです。

Column

「まな」(漢字) 派と「かな」派の対立

漢字派―男、かな派―女という構図を崩したのは、醍醐天皇時代の左大臣を勤めた藤原時平（八七一～九〇九）でした。このときの右大臣は菅原道真であり、当時、宮廷一の文化人として、その漢文の素養には及ぶ者はおらず、漢字派の頂点に立っていました。

それに対して時平は、女性との和歌のやりとりなどで仮名を積極的に用い、かな推進派の頂点に立っていました。二人は政治的にも対立していましたが、時平の勝利に終わり（菅原道真は大宰府へ左遷された）、仮名普及の道を開く結果となりました。

道真失脚の四年後、九〇五年に編まれた最初の勅撰和歌集である『古今和歌集』は、草仮名（そうがな）を使用しています。それでも『古今和歌集』には、皇族や上流貴族の歌はほとんどありませんでした。しかし『後撰和歌集』（九五一年）からは、多くの貴族の和歌が収められており、貴族たちも、いつしか勅撰集に自分の和歌が載ることを誉れとするような時代へと進んでいったのです。

III

歌集と物語の内容をあじわう

ここでは、歌集としての『相模集』、物語としての『うそ姫物語』、江戸時代の板本としての『日蓮大聖人御伝記』を読んでいきます。

まず『相模集』は、平安末期の歌人・相模（初名は乙侍従、生没年不詳）の自撰歌集です。父は不詳ですが、母は慶滋保章（保胤とも）の女とされています。夫となった大江公資（？～一〇四〇）とは宮仕え後に結婚していることや、二人の間には子もいなかったことから、正妻ではなかったようです。

相模は、公資の相模守任官に伴い相模国へ下向しており、「相模」という女房名は、夫が相模守であったことに由来します。しかし、夫が任国でも妻を作ったことから、夫婦の間には隙間風が吹くようになります。相模が歌壇において活躍するようになるのは、公資が次の任国である遠江国に去り、入道一品宮脩子内親王家に出仕するようになってからのことです。

藤原定家の奥書もあり、重要文化財に指定されている東京富士美術館蔵『相模集』では、ひたむきで独創的とされる相模の歌の魅力にぜひ触れてみてください。

次に取り上げる作者不詳の『うそ姫物語』（御伽草子『ふくろふ』）は、五百編近くある室町物語（お伽草子）の作品の中でも、人間以外が主人公として描かれる「異類物」に分類される物語です。

うそ姫に一目ぼれをした老ふくろうが、山雀の協力によってうそ姫と結ばれるも、嫉妬した鷲によってうそ姫が殺害されてしまい、ふくろうはうそ姫の菩提を弔うために諸国をめぐることになるという、鳥たちが織り成す恋の物語となっています。

東京富士美術館所蔵のものは、残念ながら物語の後半部分を欠いていますが、現存する貴重な『ふくろふ』絵本として、物語を鮮やかに現代の私たちに伝えてくれており、物語の魅力を味わうことができる最適な素材といえます。

最後の『日蓮大聖人御伝記』は、十巻一八四章にも及ぶ大部の日蓮伝です。また、挿絵もふんだんに取り入れられ、その数は見開き二ページにわたる絵が四三カ所、一ページの絵が四五カ所も挿入されています。加えて、漢字には総ルビが施され、平易なかな交じり文になっており、古文書解読の入門的な教材にふさわしいと考え、掲載しました。

『相模集』①

巻頭写真viページ参照

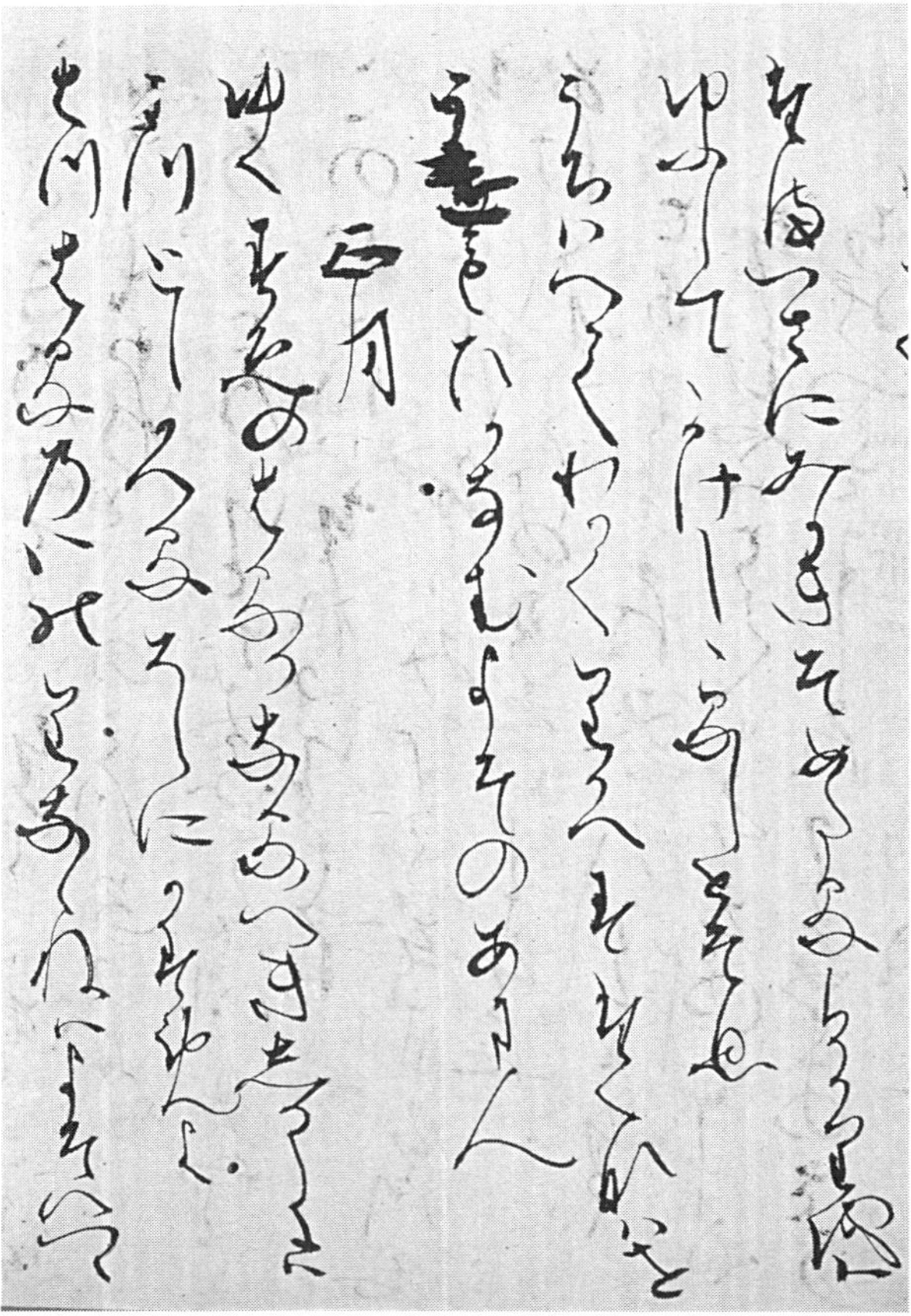

解読文

たまつさにみかきそめたるひかりをハ
ゆふしてかけしゝるしとそ思
うちハへてわかくりかへすたくなハを
うけもひかなむよそのあま人

正月

ゆくすゑのはるかなるへきしるしにハ
まつとしかへるそらにかすめよ
はつはるのいのりならねハよそへつゝ

［現代表記］

たまづさにみがきそめたる光をば
木綿（ゆふ）しでかけしるしとぞ思ふ
うちはへて我がくり返すたくなはを
うけもひかなむよそのあま人

正月

ゆくすゑのはるかなるべきしるしには
まつ年かへる空にかすめよ
はつ春のいのりならねばよそへつつ

『相模集』②

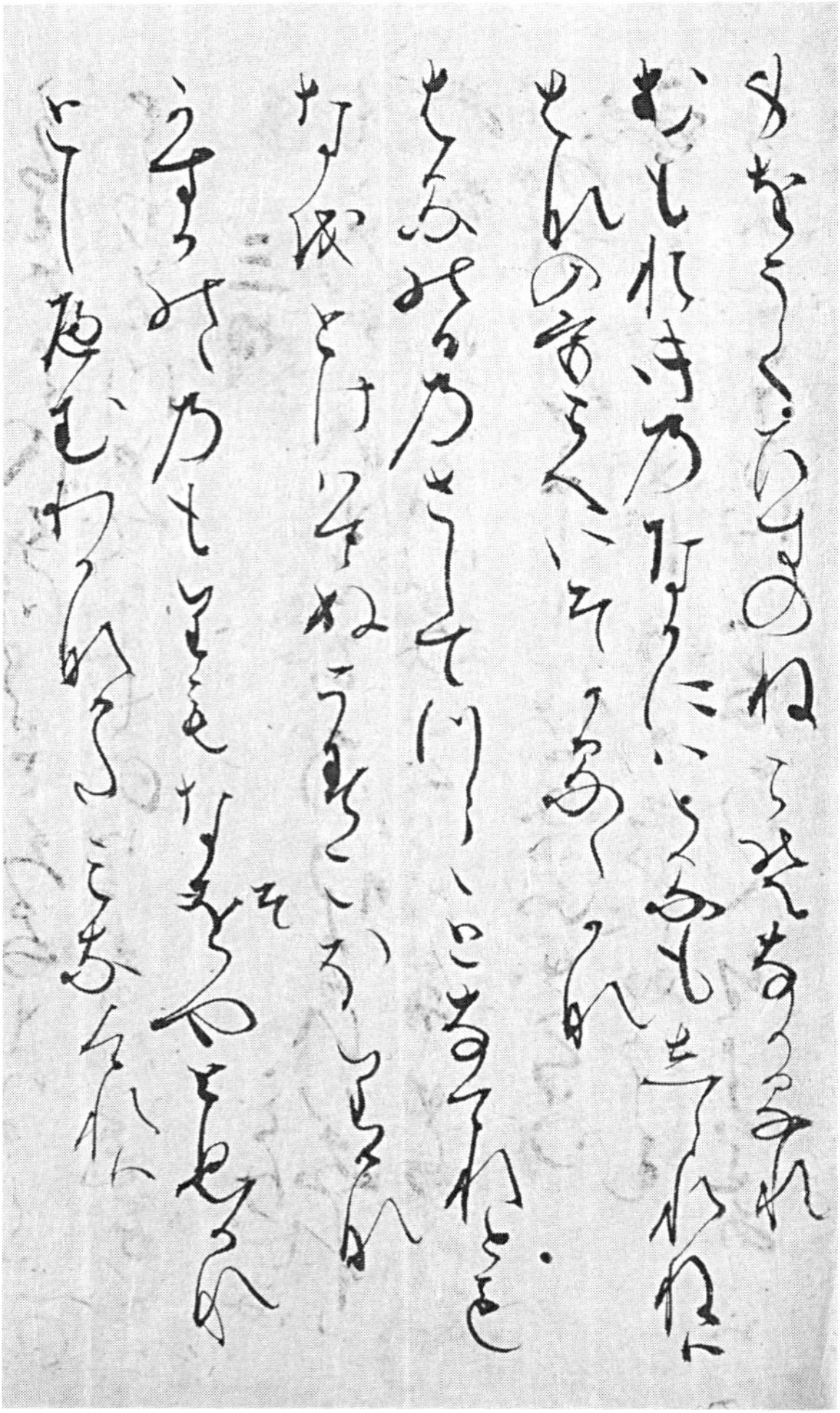

巻頭写真ⅵページ参照

解読文

身をうくひすのねこそなかるれ
むもれきのなかにハはるもしられねハ
はなの宮こへいそかるゝかな
はるの日のさしてつらゝとなけれとも
なをとけハてぬうすこほりかな
かすかのゝのもりもなを（そ）やと思かな
としへむわかなかたみなけれは

［現代表記］

身をうぐひすの音こそなかるれ
埋（む）もれ木のなかには春もしられねば
花の都へいそがるるかな
春の日のさしてつららとなけれども
なほとけはてぬうす氷かな
春日野の野守もなぞやと思かな
としへむ若菜かたみなければ

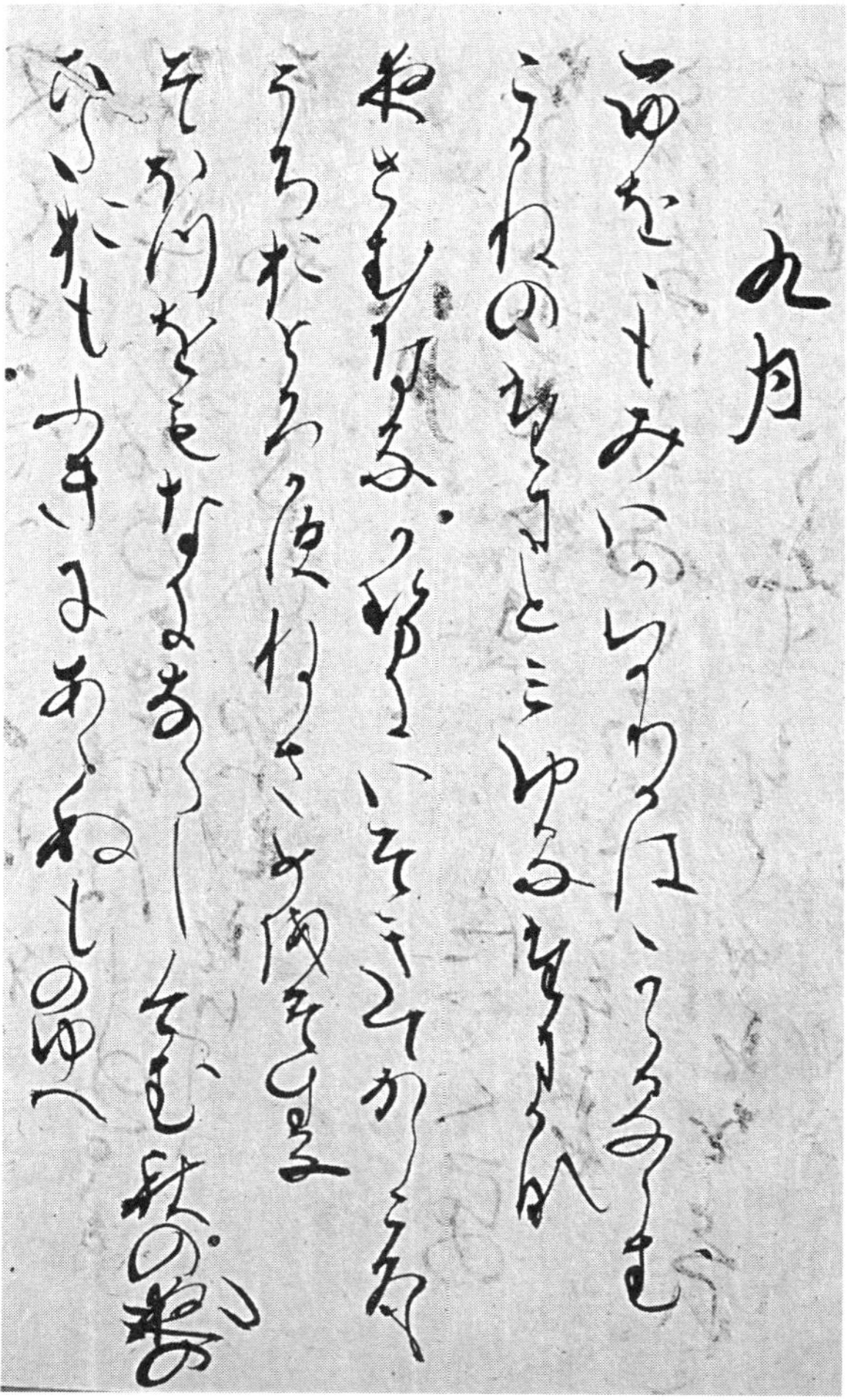

巻頭写真viページ参照

解読文

九月

つゆを丶もみいかハかりかはか丶るらむ
こかねのたまとみゆるたまかな
夜さむなるかせにいそきてからころも
うちおとろかすねさめをそする
そほつをもなにならしけむ秋の夜（た）の
ひたおもふきにあらぬものゆへ

〔現代表記〕

九月

露をおもみいかばかりかはかかるらむ
黄金（こがね）の玉と見ゆる玉かな
夜さむなる風にいそぎてからごろも
うちおどろかすねざめをぞする
案山子（そほづ）をもなにならしけむ秋の田の
ひたおもむきにあらぬものゆへ

【作品解説】

写真の部分は、相模が夫と相模国に下向した三年目の治安四（一〇二四）年正月に、伊豆山の走湯権現に参詣し、奉納した百首（A）、それに対する権現（山の僧）の返し（B）、再度の奉納（C）とで構成される計三百余首のうちの、再度の奉納（C）の一部である。

権現の返し（B）を受け取った、治安四年四月十五日から一年経っても、願いが叶わなかったことに対する反発が多く、翌年の初夏、上京直前に再度奉納し、反発しながらも、一方では「……や……らむ」の形を用いて、「疑いながらも……なのであろう」と、権現の言葉を信じようとする姿勢も見られる。

権現として相模に回答したのは、彼女が思いを寄せていた歌人の藤原定頼とする説、夫の公資であったという説、また自作自演の説もある。

このように、寺社参詣の折に「願」を和歌に表し、奉納することでその利益を祈願する行為自体は、以前から「幣」に書き付ける形で見られ、藤原道綱の母（九三六?〜九九五）の『蜻蛉日記』にも見えるように、女流の寺社参詣詠の一つの様式となっている。

【くずし字解説】

変体仮名を読むにはいい教材です。次に挙げる切り貼りした箇所を読んでみてください。

写真① ❶  ❷  ❸ 

写真② ❶  ❷  ❸ 

写真③ ❶  ❷  ❸ 

答① ❶「ひかりをハ」の「ひ」→「日」のくずし ❷「はるかなる」の「る」→「累」「な」→「奈」は、始筆の違いに着目する ❸「そら」の「ら」は、かなりくずれている

② ❶「こそ」の「そ」→「楚」 ❷「かすか」（春日）は、ふたつの「か」の違いに着目 ❸「のもりも」は、ふたつの「も」の違いに着目

③ ❶「いかハかり」の「り」→「利」 ❷「たまかな」の「ま」→「万」 ❸「かせ」（風）「せ」→「勢」

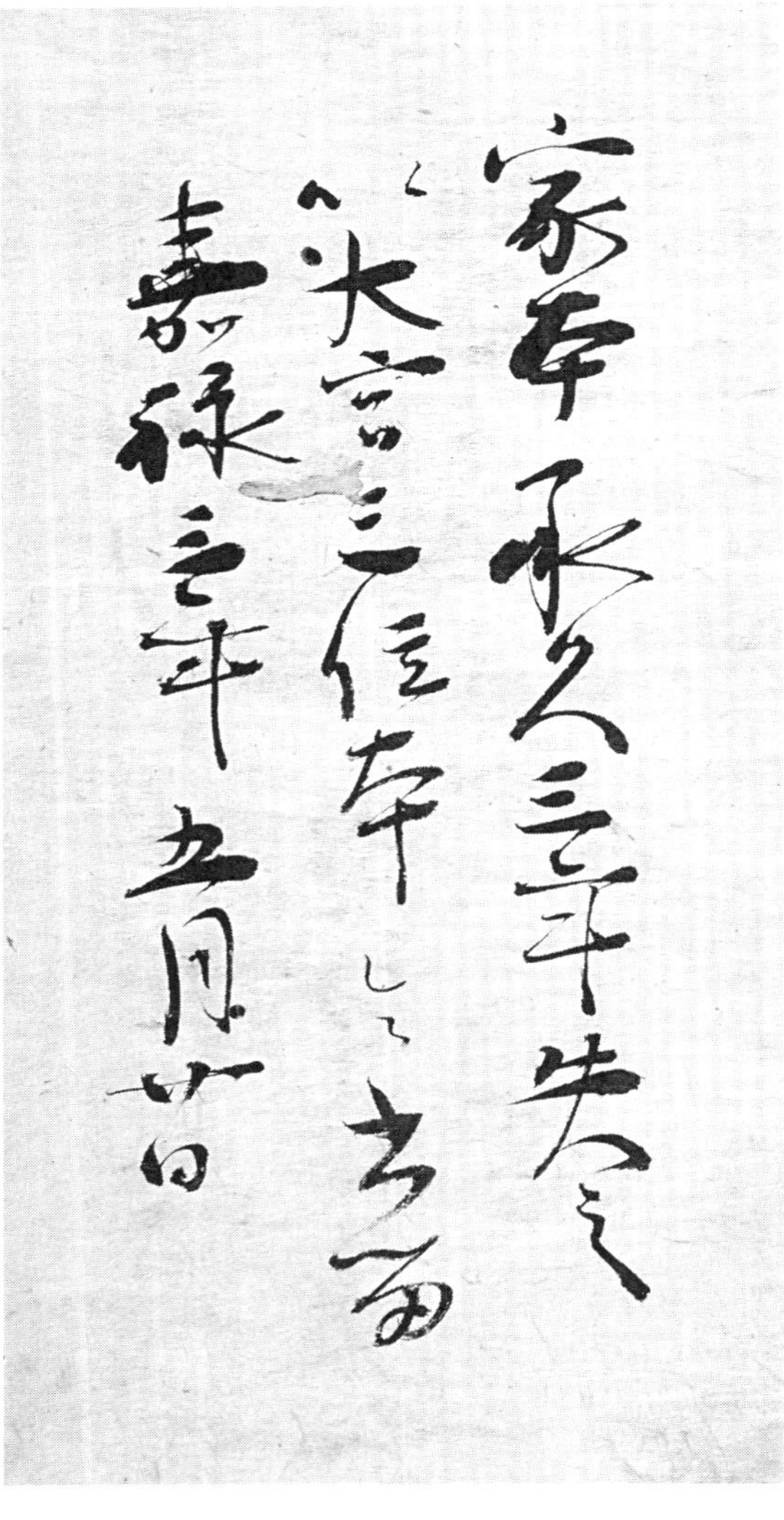

『相模集』奥書　藤原定家

巻頭写真ⅵページ参照

解読文

家本承久三年失之
以大宮三位本令書留
　嘉禄三年五月廿日

［書き下し］

家本承久三年に之を失う
大宮三位の本を以て書き留めしむ
　嘉禄三年五月廿日

［通釈］

わが家に在った相模集は、承久三（一二二一）年に失ってしまった。
そこで大宮三位の所持する本を以て書写せしめた。
　嘉禄三（一二二七）年五月二十日

【作品解説】

これは、平安末期から鎌倉初期にかけて活躍し、『新古今和歌集』や『小倉（おぐら）百人一首』の撰者として知られる、歌人・藤原定家（一一六二〜一二四一）による『相模集』の奥書（おくがき）である。奥書とは、写本の終わりに筆者の名・由来などを書き付けたものである。

冒頭の「家本承久三年失之」とは、もともと定家が所持していた『相模集』を、承久三（一二二一）年に失ったことを表している。同年には承久（じょうきゅう）の乱が起こっており、その騒動の中で紛失した可能性もある。「以大宮三位本令書留」とは、当時の大宮三位所有の流布本『相模集』（浅野家本）を借り、書写したことを意味する。大宮三位は、定家の弟子であり、懇意にしていた六条藤家（ろくじょうとうけ）の藤原知家（ともいえ）である。

定家の奥書によって、「嘉禄三（一二二七）年五月廿日」という書写年代も明らかになり、歌学を大成させた六条藤家所有の『相模集』の書写として貴重な文化財といえる。定家は、貞永元（一二三二）年に『新勅撰和歌集』を撰じており、『相模集』の走湯百首歌群の再度の奉納部分から二首を撰んでいる。

【くずし字解説】

（承）と（宮）は、むしろ「承」→「宮」→というくずし字で出てくることが多いので、押さえておいてください。

これは「令書留」ですが、読み下すと「書き留めしむ」となります。ですから「令二書留一」と表記できます。この「令」は「しむ」という助動詞を漢字で書いたものですが、下に続く言葉とつながって、決まった読み方をする重要漢字がいくつかありますので紹介します。

「被」→る、らる、れ、られ　「為」→せ、させ、たる、として、のため

「蒙」→こうむる　「罷」→まかる　「令」→しむ、せしむ

【例文】

「可被仰聞候」→おおせきかさるべくそうろう　「可被為在候」→あらせらるべくそうろう

「被為蒙仰」→おおせこうむらせられ　「被為下置候」→くだしおかせられそうろう

『うそ姫物語』①

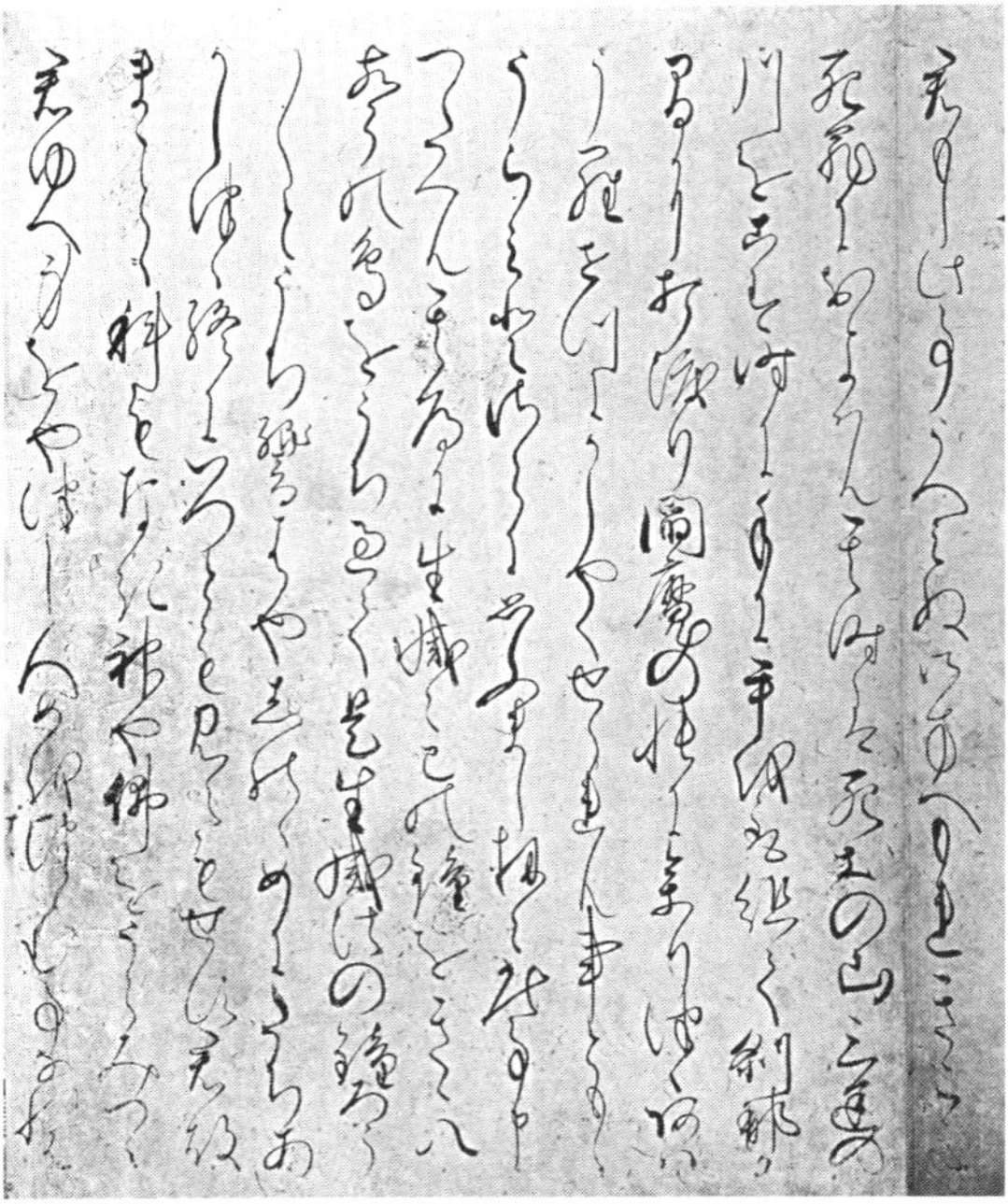

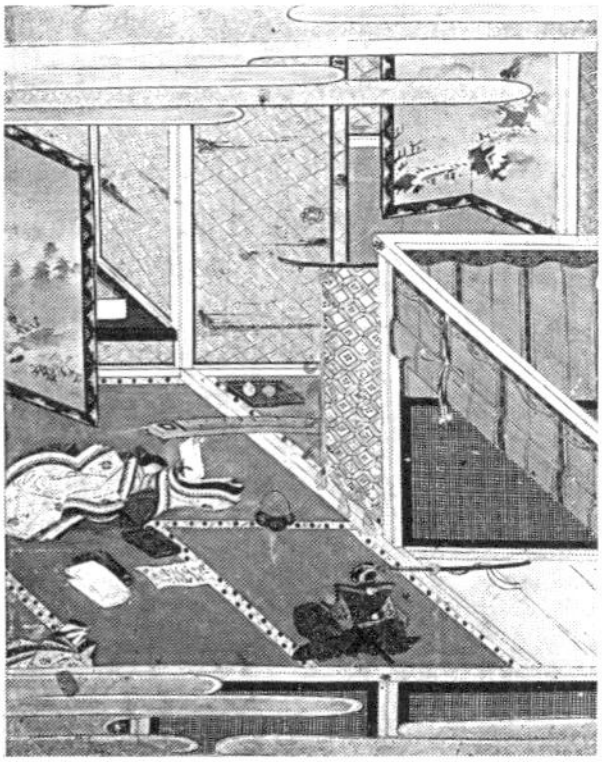

うそ姫（左）のもとを訪れる山雀（右）

解読文

君もし此事うへみぬ御方へもれきこえ死罪におよハん其時は死出の山三途の川をこす時に手に手を取組て刹那か間に打渡り閻魔の張に参りつゝあハうらせつにかしやくせられん事とも、うらみとさらに思ふまし扠々此事申つたへん其為に生滅々巳の鐘をきゝ八聲の鳥をうち過て是生滅法の鐘ろう〱とうち響はやしの、めにたちあかしつゝ終にいつとも見えもせす君故まことニ科もなき神や仏をうらみつゝ君ゆへ身をやつし人めをつゝむ事なれは

［現代表記］

君もし此事うへみぬ御方へもれきこえ、死罪におよばん其時は死出の山、三途（さんず）の川をこす時に、手に手を取組て刹那が間に打渡り、閻魔の庁に参りつつ、あは（阿）うらせつ（傍羅刹）にかしゃく（呵責）せられん事どもも、うらみとさらに思ふまじ、扠々（さてさて）此事申つたへん其為に、生滅滅已（しょうめつめっち）の鐘をきき八聲の鳥をうち過て、是生滅法（ぜしょうめっぽう）の鐘ろう〱とうち響、はやしののめ（東雲）にたちあかしつつ、終にいつとも見えもせず、君故まことに科もなき神や仏をうらみつつ、君ゆへ身をやつし、人めをつつむ事なれば

『うそ姫物語』②

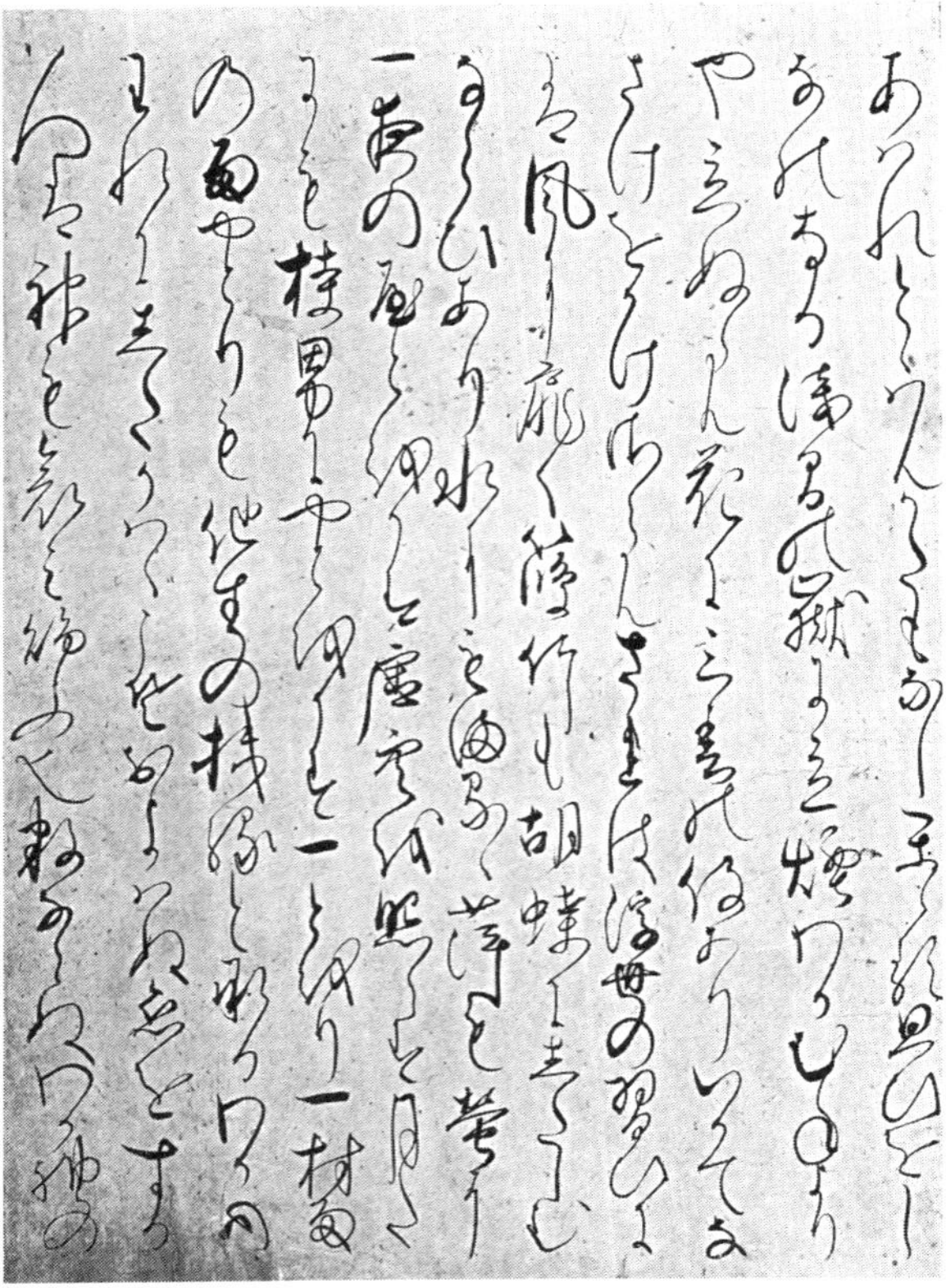

解読文

あハれと丶はんかたもなしか丶る思ひをし
なのなる浅間の嶽に立煙わかむねより
や立ぬらん花に三春の役ありいかてな
さけをかけさらんされは浮世の習ひに
は風に靡く篠竹も胡蝶にしたしむ
ならひあり水にもまる丶萍も蛍に
一夜のやとをかす虚空を照らす月た
にも桂男にやとをかす一とをり一村雨
の雨やとりも他生の機縁と承るわか心
われにしたかハ丶こそおよハぬ恋をする
人は神も哀み給ふ也数ならぬわか袖の

［現代表記］

あはれとと(問)はんかたもなし、かかる思ひをし(信)
な(濃)のなる浅間の嶽に立煙、わがむねより
や立ぬらん、花に三春(みはる)の役(つとめ)あり、いかでな
さけをかけざらん、されば浮世の習ひに
は、風に靡(なび)く篠竹も、胡蝶にしたしむ
ならひあり、水にもまるる萍(うきくさ)も蛍に
一夜のやどをかす、虚空を照らす月だ
にも、桂男(かつらおとこ)にやどをかす、一とをり一村雨
の雨やどりも他生の機縁と承る、わが心
われにしたがはばこそおよばぬ恋をする
人は、神も哀み給ふ也、数ならぬわが袖の

『うそ姫物語』③

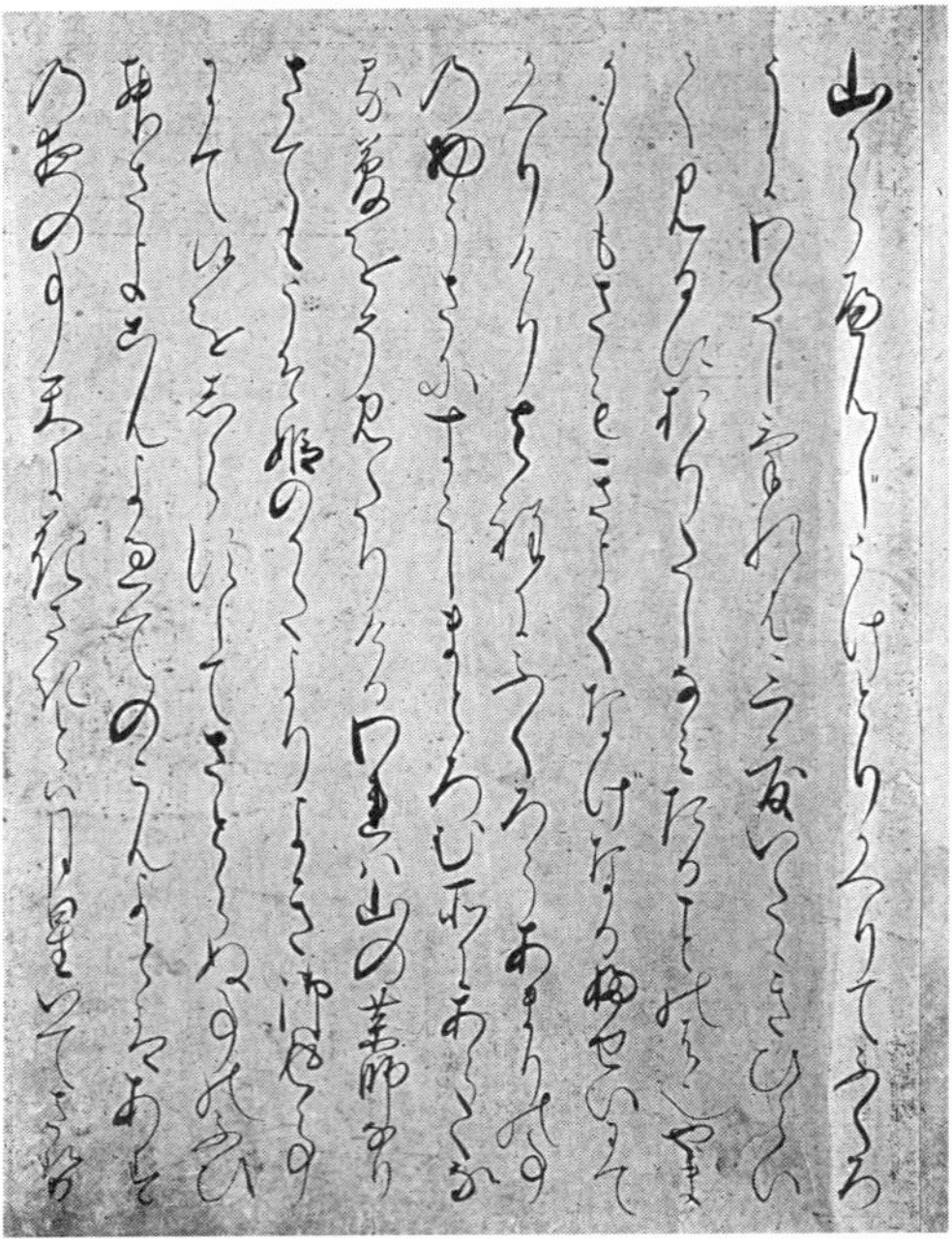

乳母（左）を連れ、ふくろう（右）と逢うそ姫（中央）

解読文

山からへんじうけとりかへりてふくろうにわたしけれは三度いたゝきひらいて見るにおりたしなみたることのは也やまからもさもきよくなげなるふせいにてかへりけり去程にふくろうあまりの事の物うさにすこしまところむ所にあらたなる夢をそ見たりけるわれは山の薬師なりさてもうそ姫のかたよりよき御返事にて候をしらすしてさとらぬ事のふひむさよこんよ過てのこんよとはあすの夜の事天に花さきとハ月星いてさせ

［現代表記］

山がらへんじうけとりかへりて、ふくろうにわたしければ三度いただきひらいて見るに、おりたしなみたることのは也、やまがらもさもきよくなげなるふぜいにてかへりけり、去程（さるほど）にふくろうあまりの事の物うさに、すこしまどろむ所にあらたなる夢をぞ見たりける、われは山の薬師なり、さてもうそ姫のかたよりよき御返事にて候を、しらずしてさとらぬ事のふびむさよ、来ん世過ての来ん世とは、あすの夜の事、天に花さきとは、月星いでさせ

『うそ姫物語』④

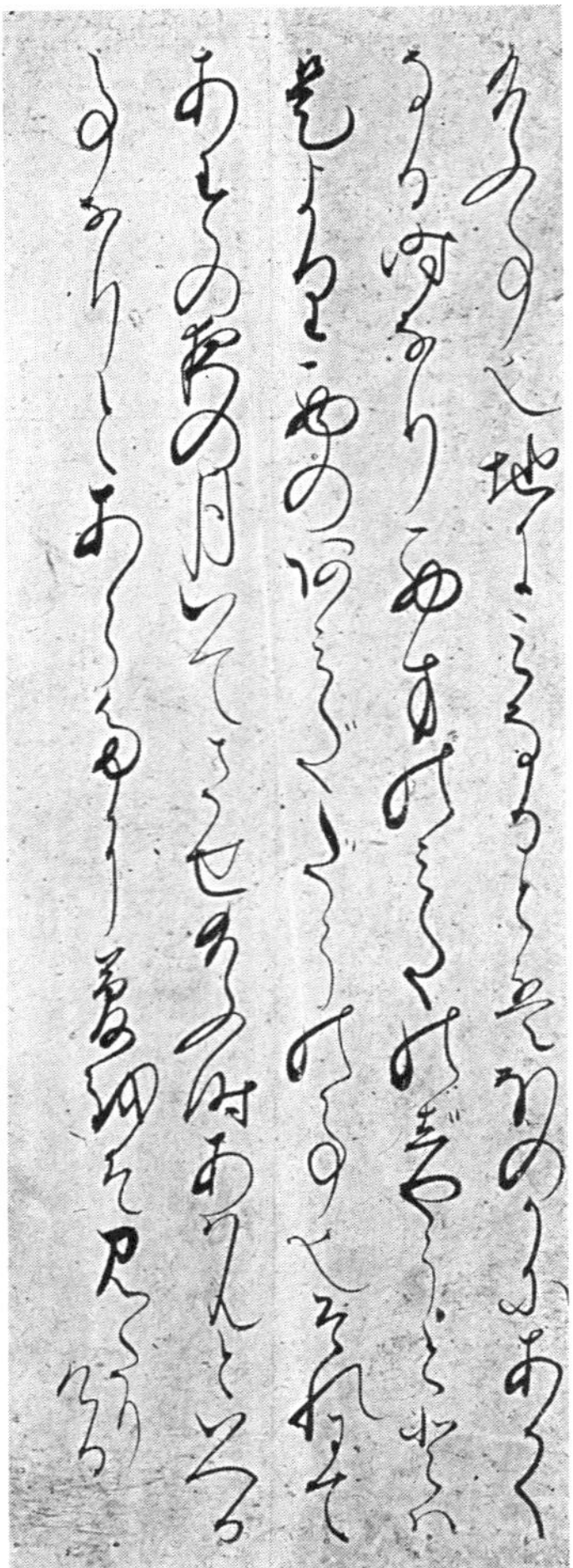

解読文

給ふ事也地にみなるとはほのかにあかく
なる時なり西方のみたのじやうととハ
是より西のあみだだうの事也それにて
あすの夜の月いてさせ給ふ時あハんといへる
事なりとあらたに夢をそ見たりける

［現代表記］

給ふ事也、地にみ（実）なるとは、ほのかにあかく
なる時なり、西方のみだ（弥陀）のじやうど（浄土）とは、
是より西のあみだだう（阿弥陀堂）の事也、それにて
あすの夜の月いでさせ給ふ時あはんといへる
事なりとあらたに夢をぞ見たりける

【作品解説】

本作品は、御伽草子『ふくろふ』の大型奈良絵本を改装して作られた絵巻である。「うそ姫」の「うそ」は、鳥の「鷽」のことである。

加賀国亀割坂のふもとに住む八十三歳の老ふくろうは、ある日、管弦の会で琴を奏でる美しいうそ姫の姿を垣間見て、ひと目ぼれしてしまう。ところが、うそ姫は兼ねてより鳥の王である鷲からも想いを寄せられていながら、まったく相手にしていなかった。ふくろうが恋文を届けたところで返事をもらえるとも思えなかったが、烏の九郎左衛門と鷺の新兵衛のアドバイスにより、うそ姫の幼馴染である山雀の五作に恋文を届けてもらえることになる。恋文を山雀に託したふくろうは薬師仏に祈願し、うそ姫からよい返事がもらえることを願う。

写真①と②は、ふくろうの恋文の後半部分である。前半部分では、うそ姫を想う気持ちが、どれほどかを語る内容だったのだが、次第に「もし返事がなければ、死後もつきまとう」、「上見ぬ御方（鷲）に知られ、死罪になったとしても、命など惜しくない」といった脅しともいえる内容になる。続いてわが身のつらさを嘆いた上で、「及ばぬ恋をする者には、神仏もあわれをかけて下さることであろう」と述べるのである。

山雀からこの強烈な恋文を届けられたうそ姫は、手紙を山雀に投げて返す。ただし、理由は、「鷲からの文に一度も返事を出したことがないのに、幼馴染の山雀が間に入ったからといって、ふくろうに返事をしたとあっては、鷲が黙っていないだろう」というものであった。とはいえ、くれぐれも他に漏らさないようにと言ったうえで返事をしたためることになる。写真①の挿絵は、まさにこの場面である。

その内容は、自分に心をかけてくれたことはかたじけないことであるとしつつも、ふくろうとはこの世の縁が薄く、「来む世すぎて又来む世、天に花咲き地に実なり、西方の弥陀の浄土にて契りなむ」というものであった。

山雀からうそ姫の返事の文を受け取ったふくろうは、この内容にがっかりし、木の葉を枕にしてうとうとしてしまう。すると、夢枕に御山の薬師が立つ。薬師は、うそ姫の返事の「来む世すぎて又来む世」とは、明日の夜のこと、「天に花咲き」とは、空に月や星が出ること、「地に実なり」とは、ほのかに明るくなること、「西方の弥陀の浄土」とは、西の方角にある阿弥陀堂のことであり、うそ姫が伝えたかったのは、「明日の夜、月が出る頃に阿弥陀堂で逢いましょう」ということだと告げる。写真③から④が、ここまでの場面である。

目覚めたふくろうは、急いで阿弥陀堂へ向かう。夜中になり、ふくろうが少しまどろんでいると、乳母を連れて到着したうそ姫に起こされる。うそ姫が「思ふとは誰がいつはりのうそぞかし思はねばこそまどろみぞする」と読むと、ふくろうは「よひは待ち夜中は怨みあかつきは夢にや見むとまどろみぞする」と返す。このふくろうの歌によって、うそ姫は機嫌を取り戻し、二人は結ばれることになる。

逢瀬の後、別れを惜しむふくろうに対し、うそ姫は、今夜のことは決して人に知らせないようにと念を押し、急いで帰ってしまう。しかし二人が結ばれたとの噂は、たちまちに鳥たちの間に広まる。うそ姫に恋をしていた他の鳥たちは悲しみ、思い思いに恋の歌を詠んだ。そして、ついに噂は鷲の耳にも入り、怒った鷲は討手の鷂(はいたか)を遣わしてふくろうを殺害しようとする。ふくろうは木の陰に隠れて難を逃れたが、怒りのおさまらない鷲は、あろうことかうそ姫を殺害してしまう。

ふくろうは嘆き悲しみ、切腹して後を追おうとするが、ふくろうの親類であるミミズクの喜助にうそ姫の菩提を弔うように説得され思いとどまる。その後、高野山へ上り、奥の院で出家したふくろうは、熊野を始めとして諸国を遍歴し、うそ姫の菩提を弔っていったという。

【くずし字解説】

注意しておきたいくずし字をあげてみましょう。

写真①　→「間」　→「らせつ（羅刹）」　→「聲の鳥」

写真②　→「役」　人偏に見える　→「夜」　けもの偏のように見える

夜と合わせて「昼」も押さえてください。昼は「書」と書きとなります。

写真③　→「薬師」　薬と楽の字形を覚えましょう。は薬、は楽です。

写真④　→　漢字なら「舞」、ひらがななら「む」。ここは「ふひむさ」から「ふびんさ」（不憫さ）と考えられます。

→「給ふ事也」　多くの文書に接している人なら、「給ふ」と読めるようになります。

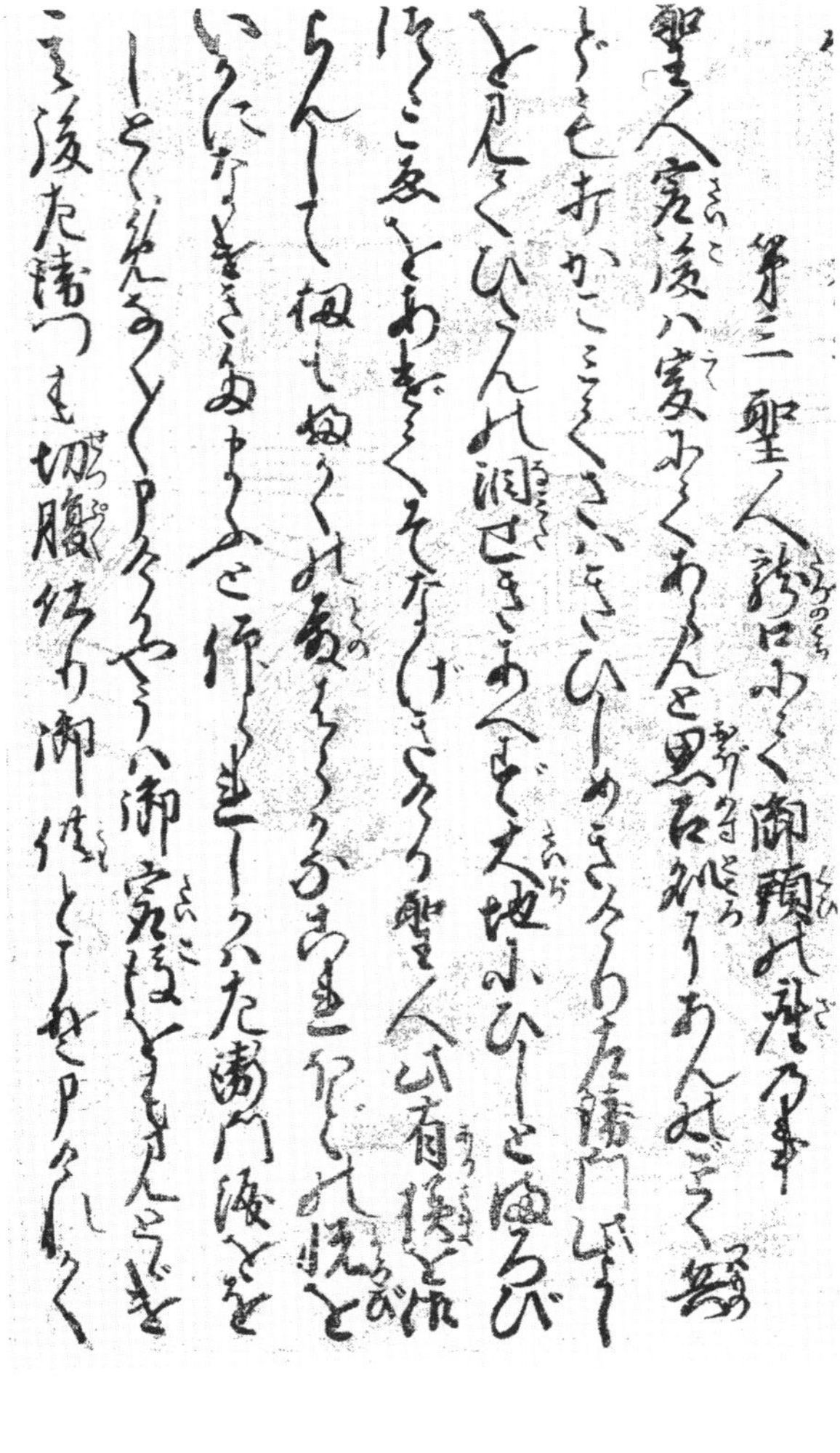

『日蓮大聖人御伝記』「竜の口の法難」のくだり①

解読文

第三　聖人龍口にて御頭の座の事

聖人最後ハ爰にてあらんと思召処に　あんのごとく兵ども打かこみて　さハきひしめきけり　左衛門此よしを見てひたんの泪せきあへず　大地にひしとまろびつゝ　こゑをあげてそなげきける　聖人此有様を御らんして　扨もふかくの殿はらかな　これほどの悦をいかになけきたまふと仰られしかハ　左衛門涙を　をしとゝめ　なく〳〵　申けるやうハ　御最後をも見とゞけ其後左衛門も切腹仕り御供とこそ申けれ　かく

龍口→神奈川県藤沢市片瀬にある地名
左衛門→信徒の四条中務三郎左衛門尉頼基

『日蓮大聖人御伝記』「竜の口の法難」のくだり②

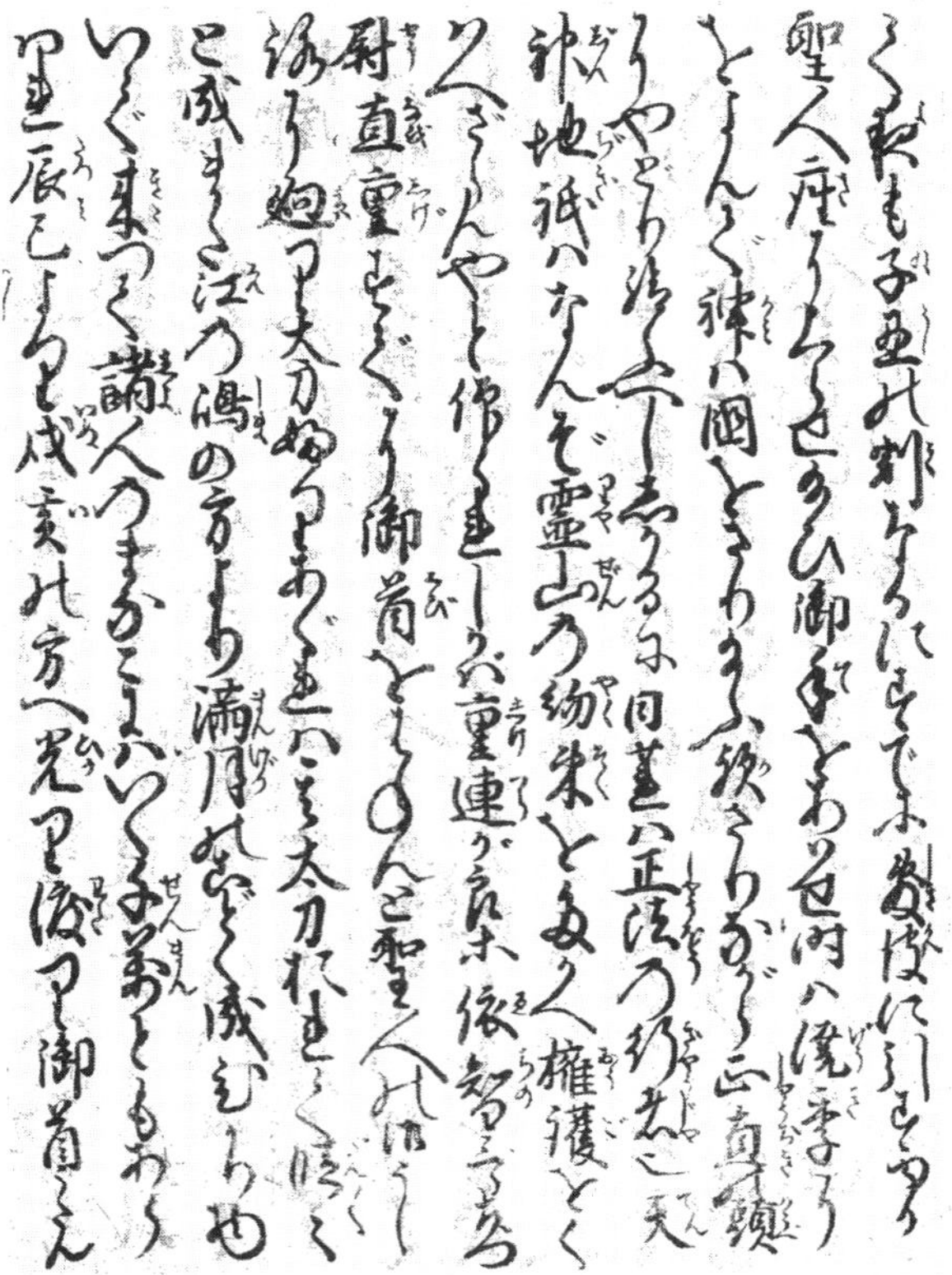

解読文

て夜も子丑の刻なるに　すでに敷皮に引すゆる
聖人座に上らせ給ひ御手をあハせ　時ハ澆季に
をよんで神ハ国をさり給ふ歟　さりながら正直の頭
にやどり給ふへし　しかるに日蓮ハ正法の行者也　天
神地祇ハなんぞ霊山の約束をたかへ擁護をく
ハへざらんやと仰られしかバ　重連が郎等依智三郎左衛門
尉直重すでに御首をはねんと　聖人の御うし
ろに廻り太刀ふりあぐれハ　其太刀おれて段々
と成　また江の島の方より満月のごとく成ひかり物
いで来つて　諸人のまなこにハいく千万ともあら
ハれ　辰巳より戌亥の方へ光り渡り　御首うたん

引すゆる→引据ゆる
澆季（ぎょうき）→道徳の衰えた末世のこと

こどく→ごとく

辰巳→南東方面
戌亥→北西方面

【解説】

江戸時代に、木版刷りで出版された『日蓮大聖人御伝記』の一部分で、日蓮の生涯最大の法難であった竜の口の法難のくだりが記されている。

『日蓮大聖人御伝記』は、延宝九（一六八一）年の刊行で、その後、寛政本、文化本、天保本と、三回追加出版されるほどのベストセラーになった。全十一巻の大部で、挿絵も八十八枚挿入されており、日蓮の生涯をこれほど詳細に伝えた日蓮伝は、後にも先にもない。

本書は、一六八一年、四百年遠忌を期して刊行されているが、著者は不明である。それでも最後の巻十一に、日朗の弟子・日像の生涯を補足しているので、日蓮宗日像門流系の人である可能性が高い。しかし、内容的には、日興門流にしか伝わらない古文献や宗門情報が多数あり、本書の筆者が、日興門流とも強い人間関係を結んでいたことが窺われる。

本書成立以前には、『録内御書』（一六二二）と『録外御書』（一六四二）が刊行されており、御書の引用はこれらに依っている。ただ、一般信徒から婦女子をも対象とする意図から、多数の挿絵を収め、文章を平易に変え、振仮名を付けるなどの配慮がなされている。

【くずし字解説】

江戸時代、四度にわたり出版された一般大衆向けの刊本であるので、古文書の解読上、難解な文字はほとんどありません。ここでは異体字や重要くずし字を列記しておきます。

写真①

↓爰（ここ）

↓扨（さて）

↓仰

↓涙

↓最後

↓左衛門

↓供

↓こそ

写真②

↓夜

↓子丑の刻

↓敷皮

↓座

↓給

↓約束

↓郎等

Column

漢字の読み方

中国語の漢字は原則、読み方は一種類しかありません。ところが、日本語の漢字は、音読みが一つとはかぎりません。たとえば「修行」「行動」「行脚」の「行」は、それぞれ「ギョウ」「コウ」「アン」と読んでいます。これは中国語の読み方が、時代によって変わったため、それを受け入れた結果、いろいろな音読みが残ってしまったからです。「ギョウ」は呉音、「コウ」は漢音、「アン」は唐音で、それぞれ呉音は遣隋使以前（七世紀以前）の中国の発音、漢音は遣唐使時代（八～十世紀）、唐音は宋の時代（十二世紀）に移入されたものです。

日本では、八百年ごろ桓武天皇が、呉音を使わず漢音で統一するように命じたため、朝廷では漢音が主流となり、今日に至るまで漢音が標準的な音読みとなっています。しかし、奈良の仏教界は呉音を用い続けたので、仏教用語は、呉音による音読みが今に残っています。一方、唐音は禅宗僧が伝えた特殊な音読みとして、今も禅宗の用語で使われています。

わたしたちは、同じ漢字を使っているのに中国語が話せないのは、昔の中国語の発音で漢字を読んでいるからなのです。

Ⅳ　書状のくずし字を読み解く

書状は、書き手が特に歴史上有名な人物であれば、骨董品、美術品としての価値を有し、鑑賞の対象になり得ますが、同時に、紙に文字が書かれているため、とりわけ古文書という歴史史料としての側面も併せもっています。広い意味での「古文書」は、書かれた古い書き物の総称といえますが、古文書学が扱う狭義の「古文書」とは、差出す側と受取る側が設定され、何らかの意志や事柄を伝達する目的で書かれたものと規定されます。

そのうえで、①誰から誰に差し出されたものか。②内容。③書かれたもの（紙・木などの材料。④形状（どのように紙を使用しているのか）。⑤字型や花押・印章。⑥文体や文書としての様式など、「古文書」のもつ諸要素を通じて、その古文書を把握していくことが求められます。たとえば、書状といっても、差出人が直接したためたものであれば「直書（じきしょ）」、上司や上部機関など高位の者の意を受けた者が、その意向を伝える様式のものは「奉書（ほうしょ）」といいます。また、差出人（発給者）が身分の高い者の場合は、書状であっても代筆する役人（右筆・祐筆）に任せて、署名と花押（かおう）のみを自筆することが多く見られます。花押は、主に公家に武士、僧侶が使用するものですが、印を押す場合よりも格が上とされています。

文書の構成には、いわゆる本文のほか、今でいう追伸にあたる部分は、「尚々書（なおなおがき）」「追而書（おってがき）」といわれ、紙の右側を「袖」、左側を「奥」と呼び、本文以外に、それらの部分に書かれた文章を、それぞれ「袖書（そでがき）」「奥書（おくがき）」と呼んでいます。特に「追而書」は、第一紙の袖部分を少しあけて、最後に書き入れるようになっています。

ここに載せた書状には、作成年月日が記されていないものもありますが、そこに使われている言葉や内容から、作成時期をある程度推測することができます。そして、単体の文書そのものだけではよく分からないことも、その他の関係する資料と照らし合わせることによって、作成された時期だけでなく、その作成者を取り巻くその当時の背景などを浮き彫りにすることも可能となります。

このように、文字を読むにとどまらず、より深く読解するためにも、資料を取り巻く背景の世界にも思いをめぐらすことによって、そこに広がる今まで見えなかった世界も楽しむことができるのです。

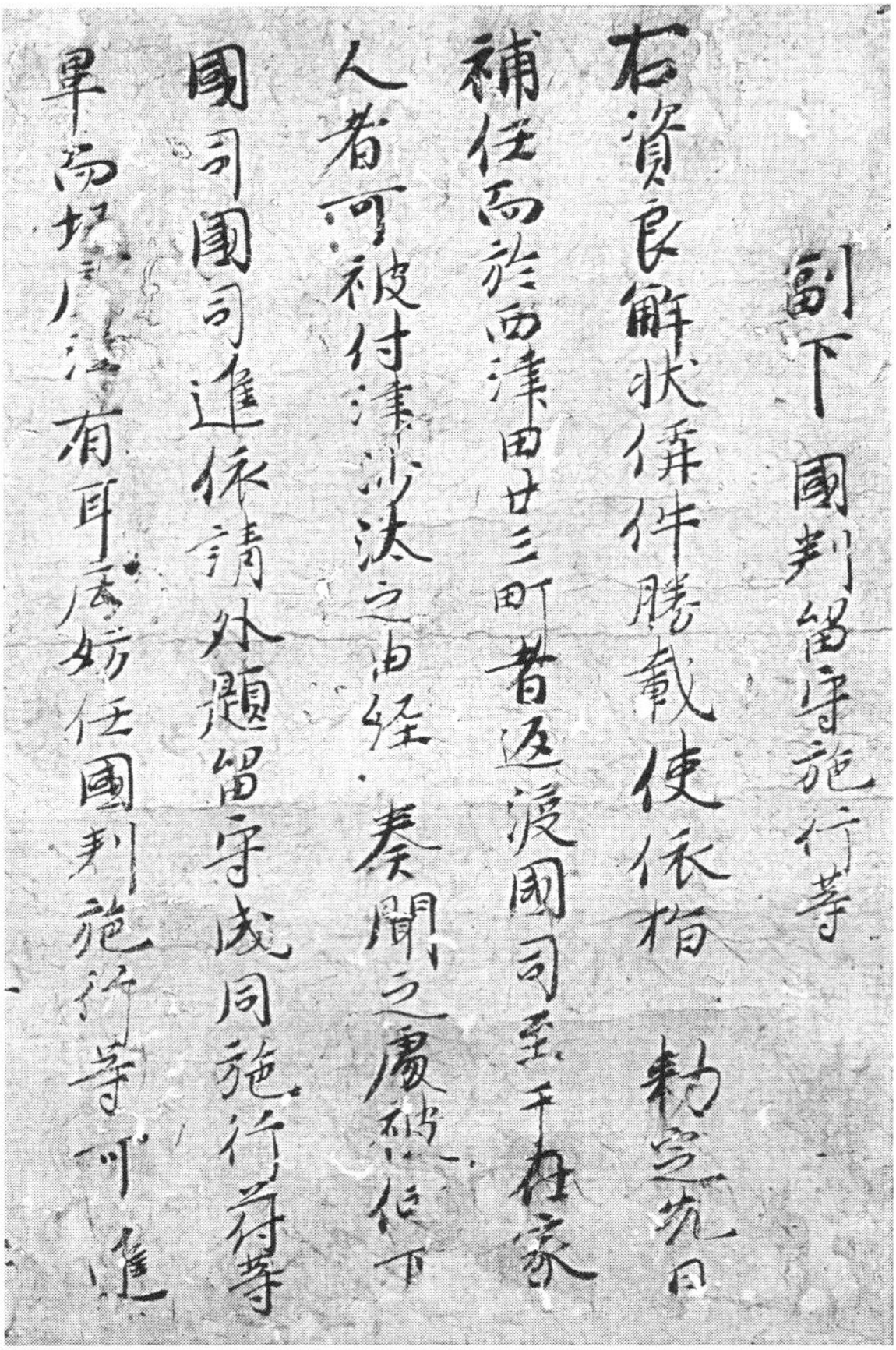

副下 國判留守施行等
右資良解状并件勝載使依 指 勅定宛日
補任而於西津田廿三町者返渡國司至于在家
人々者可被付津沙汰之由経 奏聞之處被仰下
國司々々進依請外題留守成同施行符等
畢而[illegible]以往有耳底妨任國判施行等可進

解読文（旧字のまま解読。返り点及び句読点を加えた）

（前欠）

副下　國判・留守施行等

右、資良解状偁、件勝載使依二指　勅定一、先日補任。而於二西津田廿三町一者、返二渡國司一、至二于在家人一者、可レ被レ付二津沙汰一之由、経二　奏聞一之處、被レ仰二下國司一。國司進二依レ請外題一、留守成二同施行符等一畢。而□□□有耳、庄妨、任二國判・施行等一、可レ進二

［書き下し］

副下す　国判・留守施行等

右、資良解状に偁く、件の勝載使させる勅定により、先日補任す。しかるに西津田廿三町に於ては、国司に返し渡し、在家人に至りては、津の沙汰に付けらるべきの由、奏聞を経るの処、国司に仰せ下され、国司請ふにより外題を進らし、留守同じく施行符等を成しをはんぬ。しかるに□□□有るのみ、庄の妨げ、国判・施行等に任せて、

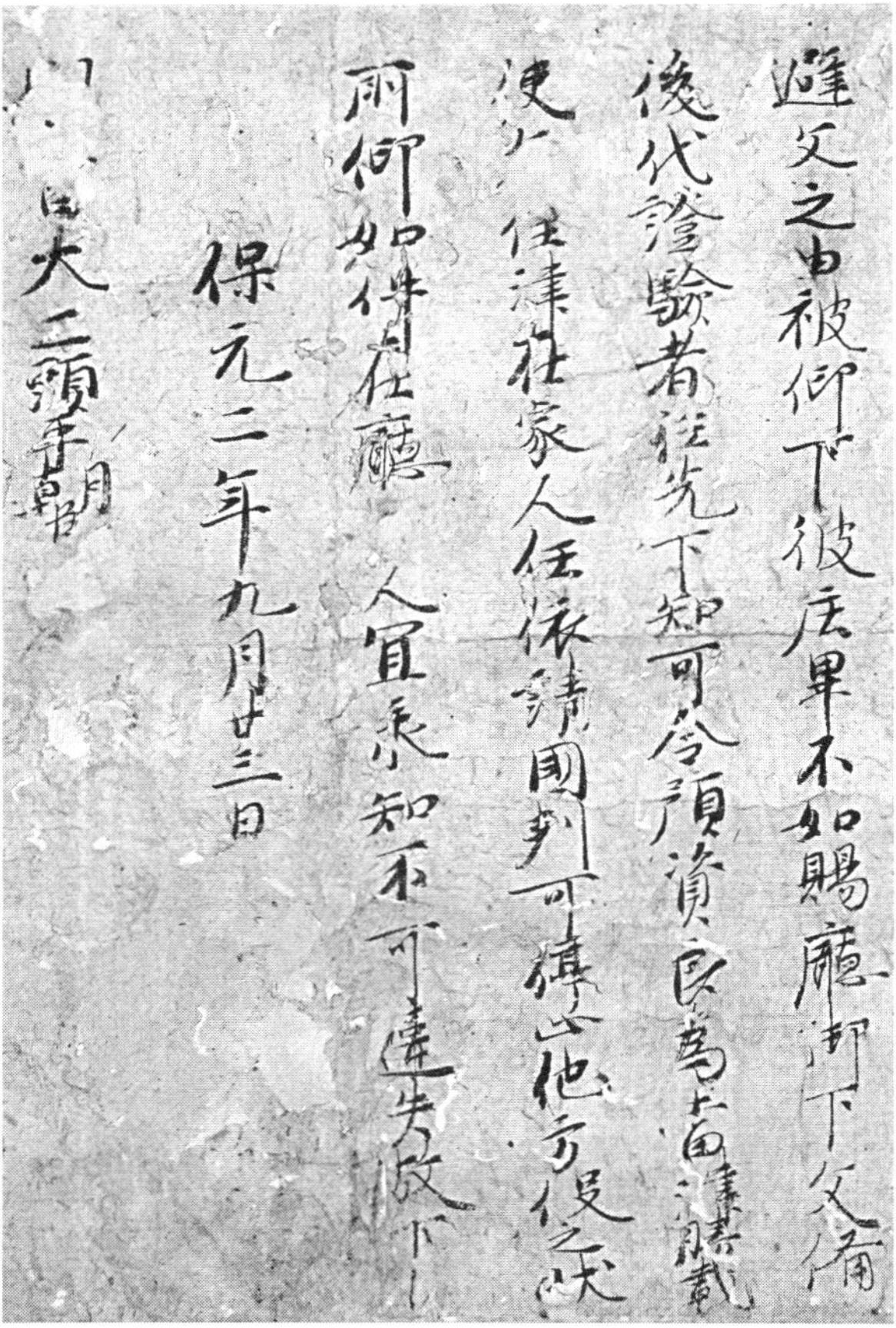

遣文之由被仰下彼庄畢不如賜廳御下文備
後代證驗者任先下知可令領資民為大面兼載
使々任津社家人任依請國判可停止他方侵之状
所仰如件在廳官人宜承知不可違失故下
保元二年九月廿三日
大二頭平朝臣

解読文（旧字のまま解読。返り点及び句読点を加えた）

避文㆒之由、被レ仰㆓-下彼庄㆒畢。不下如賜㆓廰御下文㆒、備中
後代證驗㆖者。任㆓先下知㆒、可レ令レ預㆓資良㆒。為㆓當津勝載
使㆒、□(久カ)㆓-□(住カ)津在家人㆒、任㆓依レ請國判㆒、可レ停㆓-止他方役㆒之状、
所レ仰如レ件。在廰□(官カ)人宜承知、不レ可㆓違失㆒、故下。

保元二年九月廿三日

□□(別當カ)大二頭平朝臣

［書き下し］

避文(さりぶみ)を進らすべきのよし、彼の庄に仰せ下されをはんぬ。庁御下文を賜はり、後代(こうだい)の証(しょう)
験(げん)に備ふるにしかず者(てへれば)。先ず下知に任せて、資良に預けしむべし。当津の勝載使として、
津の在家人を□(久カ)□(住カ)し、請ふによる国判に任せ、他方の役を停止(ちょうじ)すべきの状、仰(おほ)する所
件(くだん)の如(ごと)し。在庁□(官カ)人よろしく承知し、違失(いしつ)すべからず、故(ことさら)に下(くだ)す。

保元二年九月廿三日

□□(別當カ)大二頭平朝臣

【作品解説】

本文書は、平安時代の保元二（一一五七）年九月二十三日付の「御院庁下文」の写しが、「古筆手鏡」として伝わったものである。書止めが「故下」（「コトサラニクダス」と読む）であることから下文という上意下達の文書であることがわかる。解読文の冒頭に「(前欠)」とあるのは、本来は前半にあるはずの、文書を発給した官庁と形式上の受給者（ここでは在庁官人）を記した部分と、文書の主旨を要約した事書部分が欠けていることを示す。

①の一行目に「副下　國判・留守施行等」とあることから、国判（国司の判のある文書）・留守所施行状（命令を伝達するための文書）等が添付されていたことがわかる。次の行の「右、資良解状」の下の「偁」と、②の二行目の「者」（「テヘレバ」と読む）が、かぎ括弧の役割を果たしており、「件勝載使」～「備二後代證験一」までが資良という人物の解状（上申のための文書）の内容となっている。続く「任二先下知一」以下が本文書の結論部分となる。なお、①の二行目の「勅定」と、四行目の「奏聞」の上が一字分空いているのは「闕字」といい、一字分空けることによって天皇への敬意を示している。

資良は、特別の勅定により勝載使（津＝港湾施設の整備を司る役）に任命されたが、勝載使の得分（収益）のうち、若狭国西津庄の田二十三町は国司に返し、在家人（収税単位としての家や人）については津の沙汰とするようにとの天皇への奏聞を経て、国司が解状の余白に証明の旨を記し、同様に留守所（諸国の国衙に置かれた行政機関）がその命令を伝える施行状等を作成した。これらの文書が、添付されていた文書であろう。

①の六行目の「而」以下三文字が欠けているため、この部分の意味を取ることが難しいが、西津庄の勝載使得分に関して不当な課税を行うなどの押妨が発生していたと考えられる。そのため、前述の文書の通りに避文（権利を放棄することを記した文書）を提出するようにとの命が出されたのであろう。そこで資良は後の証拠とするためにさらに「庁御下文」の発給を求めたのである。その結果、資良が勝載使として津の在家人を久しく住まわせ、（在家人に対する）他の役（労役等）を停止するようにとの命を記した本文書が発給されたというわけである。

②の四行目に「在庁官人宜承知」とあるのは、命令を在庁官人に周知するという形をとっているためで、文書を実際に受け取ったのは資良である。津の在家人に対して、労役等を課して妨害をしていたのは、おそらく国司側の人間と考えられる。

資良については、元暦二（一一八五）年正月十九日付「僧文覚起請文」（神護寺文書、『平安遺文』四八九二号）によって後白河上皇の院庁の主典代・安倍資良であること、のちに資良が勝載使の得分を神護寺に寄進していたことがわかる。主典代とは別当を長官とする院庁の職員・院司の一つである。

文書の中に「廳御下文」との文言があるが、崇徳上皇は保元元年の保元の乱で罪人となっており、後白河が上皇となるのも保元三年であるため、保元二年の本文書は「院庁下文」ではない。そこで注目したいのが、保元の乱で敗れ、没収された藤原頼長の所領を、後白河が後院（譲位後の院）領としており、そこにも別当以下の職員がおかれていたということである。つまり本文書は、後白河の後院庁から発給された「後院庁下文」の写しと考えられるのである。

本文書が正文（原本）ではなく写しであることは、発給者となった別当（後院庁の長官）・「大二頭平朝臣」の花押部分と日下（日付の下）の署名がないことからもわかる。そもそも「大二頭」という官職はなく、「木工頭」の写し間違いとも考えられる。しかし、後院庁下文はあまり残っておらず、正文ではないとしても本文書は貴重な史料といえよう。

【くずし字解説】

かすれてよく見えない箇所が散見されます。読めない場合は、□・□□とし、推定される文字を挙げる場合は、（—カ）と表記します。

ここでは、旧字・異体字・特殊な読み方などを取り上げてみましょう。

後院庁下文写①

↓「解」の異体字

↓「指」の異体字

↓「處（処）」の異体字

↓「判」の異体字

後院庁下文写②

↓「庁」の旧字

↓「備」の異体字

↓「停止」（「ちょうじ」と読む）

↓「役」の異体字

↓「故下」（「ことさらにくだす」と読む。公式様文書の書止め文言としてよく使われる）

毛利輝元書状

巻頭写真ⅶページ参照

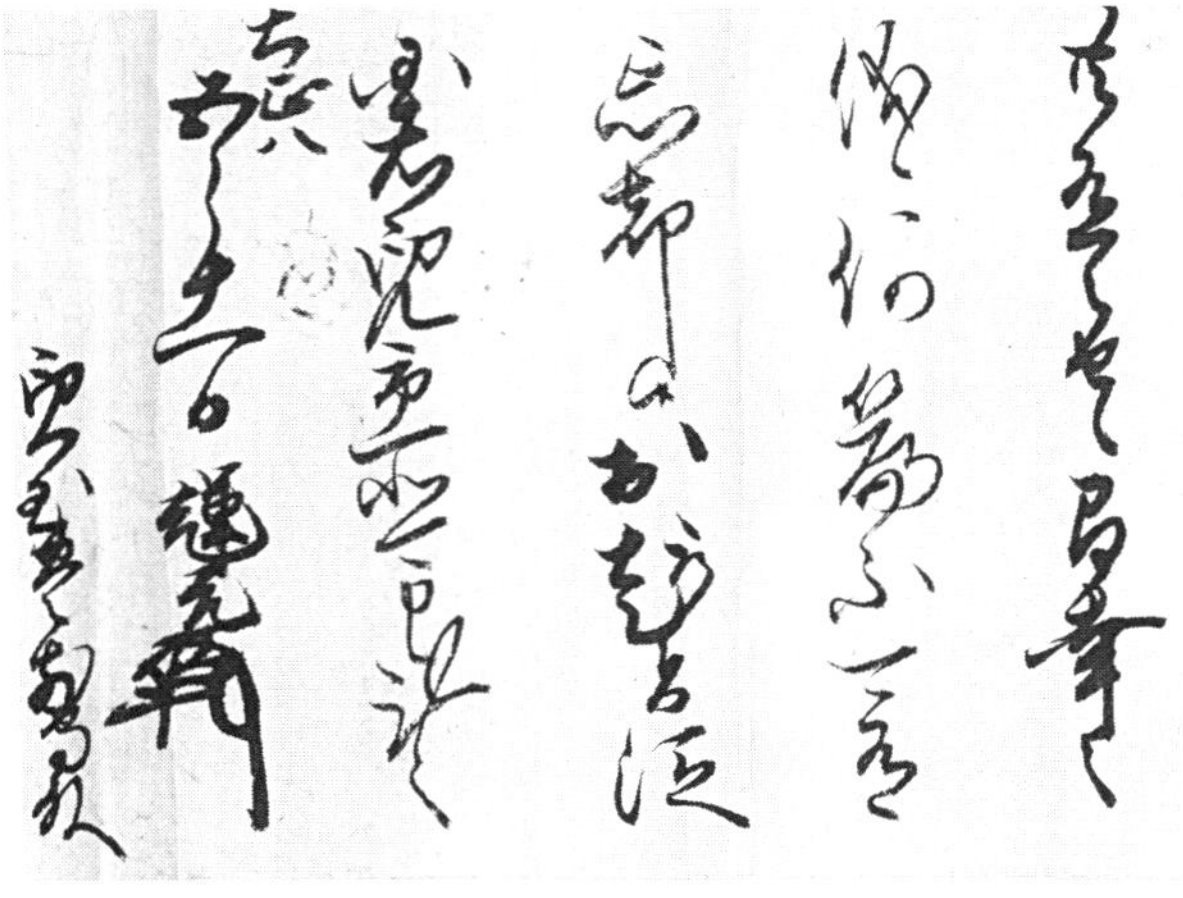

解読文

誠与七郎事　今度
立用候　乍勿論之儀
早々敷如此之仕合
不及是非候　其方心
中之段令察候　子
共有之由候間幸之
儀候　何篇不可有
忘却候　於趣者従
国右児市所可申候　謹言
天正八
五月十一日　輝元（花押）
児玉豊前守殿

［現代表記］

誠に与七郎の事、今度
立用候。勿論の義ながら、
早々しきかくのごときの仕合
是非に及ばず候。其の方心
中の段、察せしめ候。子
共これ有るの由候間、幸の
儀に候。何篇忘却有るべからず
候。趣においては国右・児市よ
り申すべき所に候。謹言
天正八
五月十一日　輝元（花押）
児玉豊前守殿

立用＝用立→役立つこと
早々敷（はやばやしき）→早くも
仕合（しあい）→合戦
何篇（なにへん）→どのようにしても

【作品解説】

織田信長（一五三四〜一五八二）は、天正五（一五七七）年、西国の雄・毛利氏と衝突するに至った。両勢力の狭間にいた備前国（岡山県）の宇喜多直家は、はじめ毛利氏に与したが、同七年十月に織田方へと鞍替えした。これに対し、毛利氏はすぐさま宇喜多討伐に乗り出し、同八年四月十四日に、備前国虎倉城の伊賀康隆を攻撃した。しかし、毛利軍は苦戦を強いられ、粟屋元信ら有力武将が戦死し、与七郎（児玉元房）も討ち死にした。

この書状は、国主・毛利輝元（一五五三〜一六二五）が、与七郎の父・児玉豊前守就光に弔いの心中を綴ったものである。

輝元は、与七郎戦死の報が入った直後から、就光に何度も書翰を送り、与七郎の母へも、お悔やみの手紙を認めたようである（『萩藩閥閲録』巻十九）。本文中では、与七郎の子どものことは、今後とも輝元が気にかけていくと書かれ、詳しくは輝元側近の国右（国司右京亮元武）と児市（児玉東市介〈市允・市佑〉春種）から伝える旨を記している。

形態は紙を半分にして執筆する折紙である。竪紙（全紙を用いる形式）とは異なり、折紙は略式だが、戦国時代の書状に多用された。

【くずし字解説】

偏は「言」、旁（つくり）は「成」ですから「誠」となります。特に「成」のくずしは押さえておきたい字形です。

「如此」で「かくのごとき」と読みます。「如」は平仮名の「め」に似ていますが、ここでは下に「此」が来るので「如」と判読します。

「令察候」の読み方は「察せしめ候」となります。「令」は助動詞「しむ」の漢字なので、下につく動詞に「しむ」「せしむ」を付けて読んでいきます。

これは「可申候」と、書止め表現の「謹言」がくっついているため解読しにくくなっています。「申」の縦の線の最後の部分が右に少し曲がっているのは「候」です。また「謹言」は相当くずれていますが、書状の最後にある書止め文言と判断してください。

千利休書状

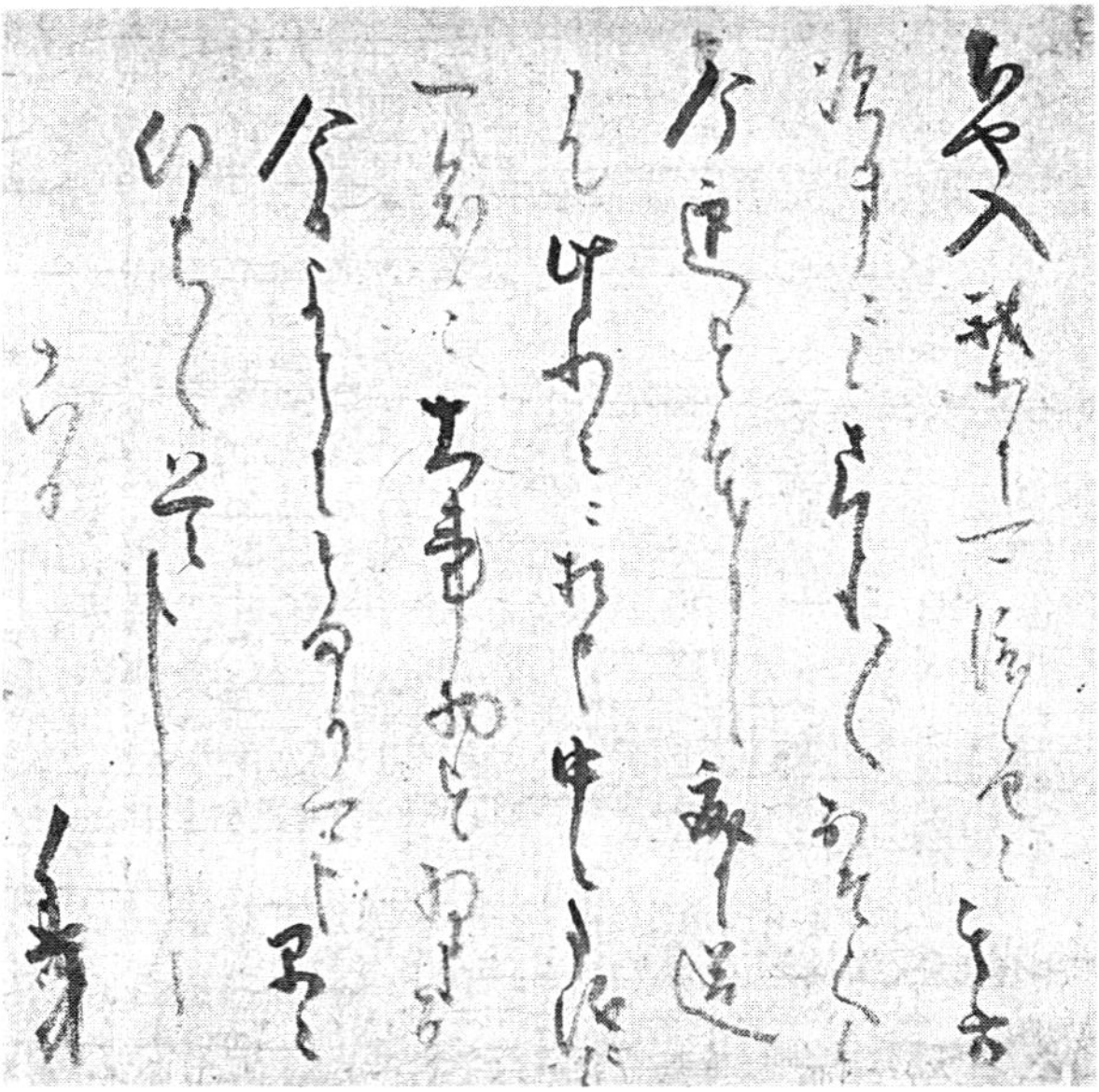

巻頭写真viiページ参照

解読文

ちや入我等申可渡之由ニ候　其方
次第ニ候　さても〳〵おそく候
今迎を進候処申送
にて此ふみニ相申候　中々事儀ニ候
一笑候〳〵　大事物を持申候間
今日よとにとまり可申候　早々
待申候〳〵　恐々かしく
十八日　　易（花押）

［現代表記］

ちゃ（茶）入れ我等申し渡すべくの由に候。其の方
次第に候。さてもさてもおそく候。
今迎えを進（まい）らし候処申し送る
にて此のふみ（文）に相申し候。中々の事の儀に候。
一笑候一笑候。大事の物を持ち申し候間
今日よど（淀）にとまり申すべく候。早々
待ち申し候待ち申し候。恐々かしく。
十八日　　易（花押）

ちゃ入→茶入れ。茶を入れておくための器
よと→淀。京都市伏見区。宇治川と桂川の合流点にあり、古代以来の要港で、淀城があった。

【作品解説】

千利休（一五二二〜一五九一）は、堺の商人で、わび茶を確立したことで有名な茶人である。織田信長が堺を治めた時に茶頭として起用され、信長死後は豊臣秀吉に仕えた。天文九（一五四〇）年に出家して「宗易」と名乗り、天正十三（一五八五）年に、秀吉が正親町天皇に献茶する際には、奉仕する宗易に「利休」居士号が勅賜された。秀吉の側近として政治的影響力も強めたが、同十九年に秀吉の逆鱗に触れ、切腹を命じられた。

本文書は、年月や宛先が欠けており、背景などは不詳である。茶入れのことについて約束があったのだろう。「其方」（書状の受取人）がなかなか来ず待ち遠しかったので、迎えの者を遣わすことを手紙に認めた。大事な茶入れであるので、今日は淀にとどまることを伝えている。日付の下に花押（筆判）がある。利休の花押は、①亀の形をした「亀判」、②松葉のような形の「横判」、③昆虫の螻の形に似る「ケラ判」、に大別されるが、大半はケラ判である。花押の形状は変化することもあるが、利休の場合は時期によって区別できず、ケラ判の厳密な分類も難しい。花押は、本文書の年代比定に繋がる可能性があり、研究の進展が待たれる。

【くずし字解説】

かなりくずされた字が多く、難解な文書です。千利休の個性あるくずし字と言ってしまえばそれまでですが、こういう場合は、他の利休の自筆文書を集めて、似たくずしを探す方法が一番有効です。

これは「を」と読む変体仮名です。字母は「遠」で、私たちが書く「を」と同じです。そう言えばなんとなく「を」と似ていますね。

これは「ま」と読む変体仮名です。本来は「満」を字母とするくずしから派生した字で、さんずい部分を省略したものだと思われます。ときどき見かける「ま」として覚えておいてください。

これは書状の最後の言葉ですから、書止め文言であることを前提に考えます。そうするとまず「恐々」とあって次は「かしく」か「謹言」かと予想します。「ト——」の部分は「謹言」よりは「かしく」の方がよいと考えましたが、書止めの字形は、このように原形をとどめないものが多いのです。

金森宗和書状①

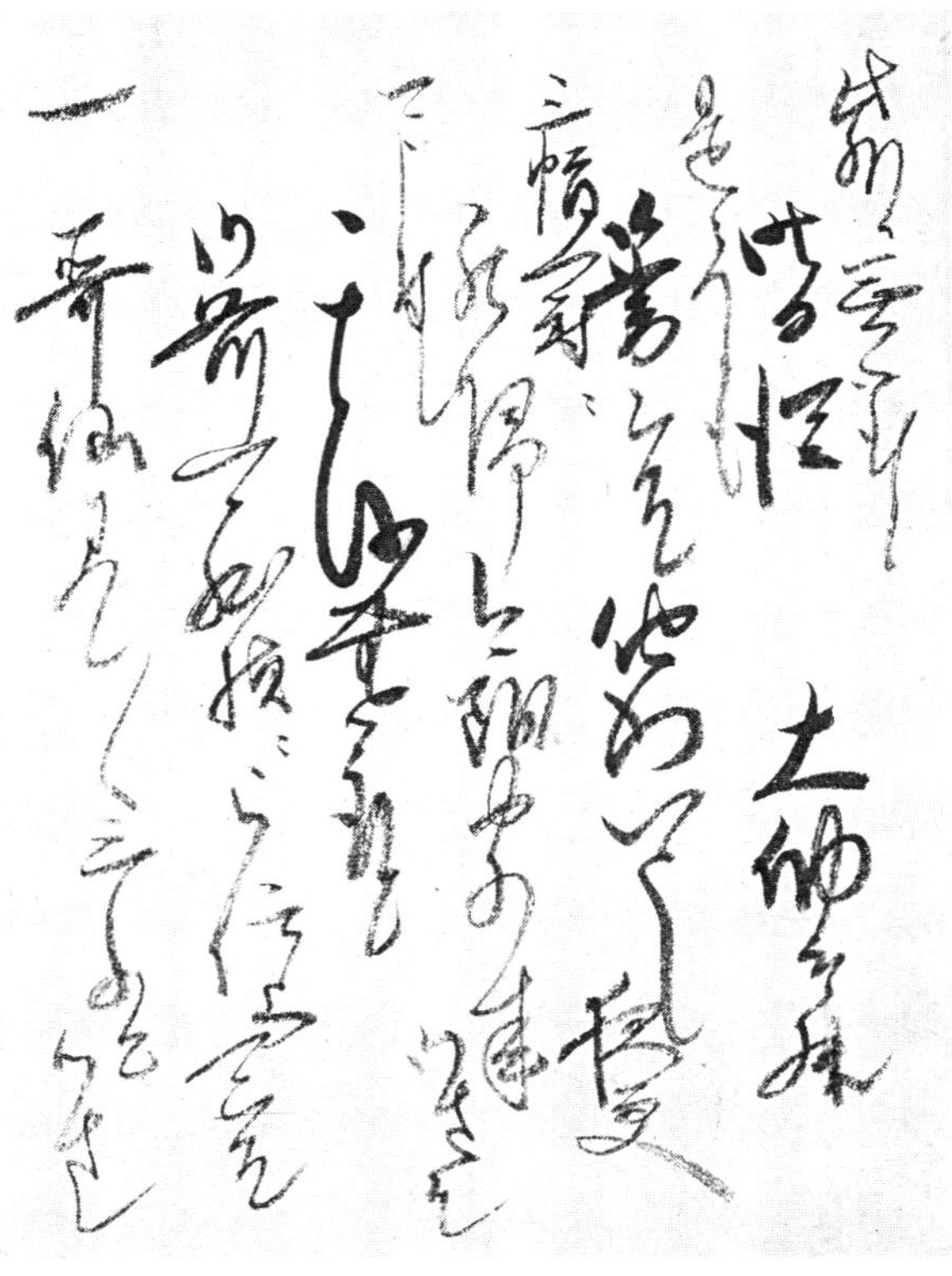

解読文

此外無御座候
　昨日従　大納言様
是ニても
　御書被下候　他行いたし夜更
三幅一対ニ
　罷帰今朝家来御さ候
可申付候
　其後無御座候
　御前可然様ニ被　仰上可被下候
一　歌仙さて〱三ふく御さ候、

［現代表記］

（行間書）
此の外御座無く候。是れにても三幅一対に申し
付くべく候。
　昨日大納言様より
　御書下され候。他行いたし夜更け
　罷り帰り、今朝家来御ざ候。
　其の後御座無く候。
　御前然るべき様に仰せ上げられ下さるべく候。
一　歌仙さてさて三ふく御ざ候。

他行→外出すること
歌仙→和歌に優れた人

金森宗和書状②

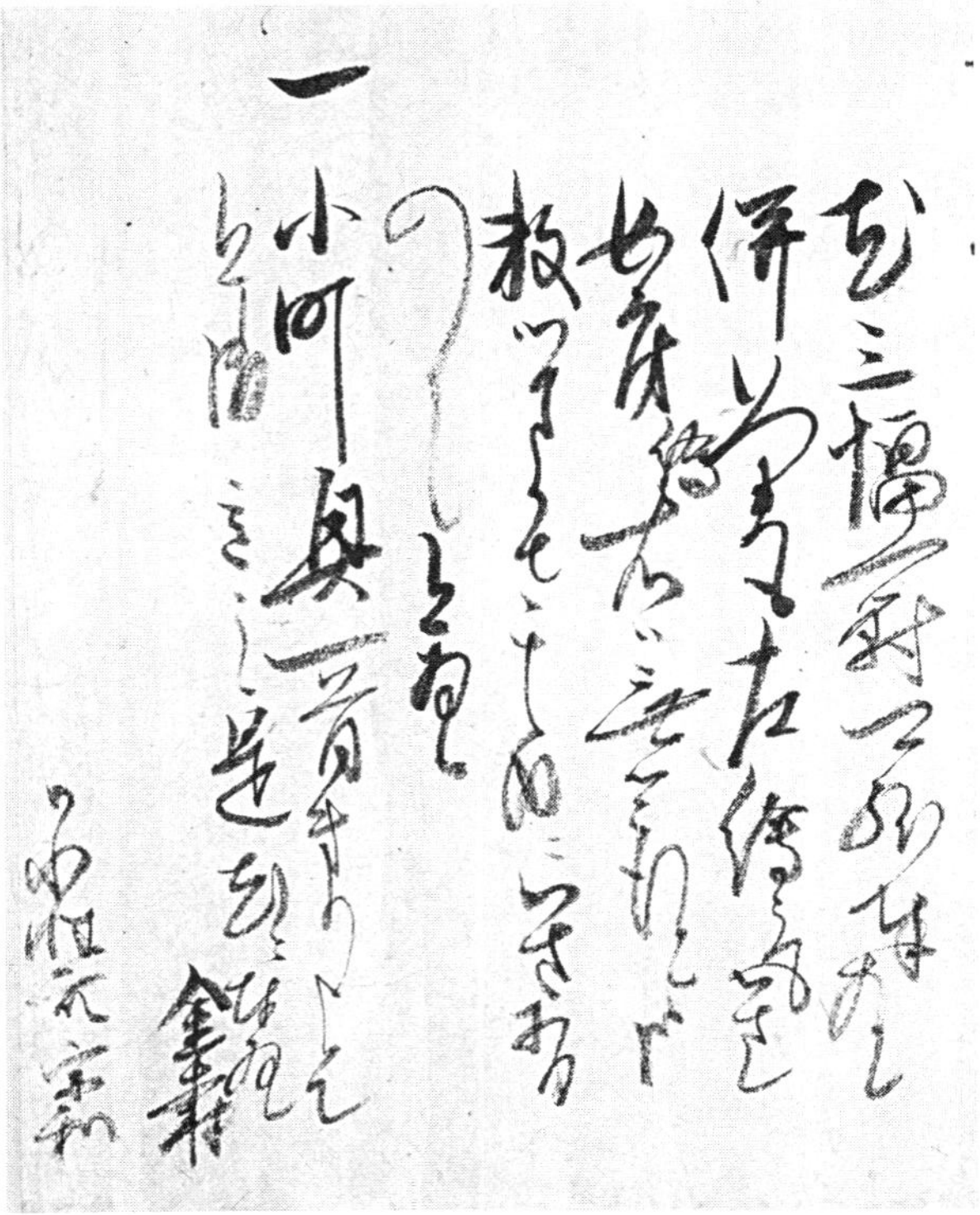

解読文

尤三幅一対可然奉存候
併いつれも左絵ニても御さ候
女房絵右ハ無御座候哉
数御まかせ其内ニ御さある
へく候　令存候
一　小町奥一首きり申候
得御意云々　是尤ニ奉存候
金森
御小性衆　宗和

［現代表記］

尤も三幅一対然るべく存じ奉り候。
併せていづれも左絵にても御ざ候。
女房絵右は御座無く候や。
数御まかせ其の内に御座ある
べく候。存ぜしめ候。
一　小町奥一首きり申し候。
御意を得ると云々。是れ尤に存じ
奉り候。
金森宗和
御小性（姓）衆

三幅一対↓三幅で一対となっている掛物

小町↓小野小町のこと。平安時代前半の女流歌人。六歌仙・三十六歌仙などに数えられる。

【作品解説】

金森宗和（一五八四〜一六五七）は、江戸時代前半の茶人である。飛騨高山の領主・金森可重の長男として生まれ、名を重近という。金森家は代々茶道を極め、可重は千道安門下となり、第二代将軍徳川秀忠の師範も務めた。宗和は、慶長十九（一六一四）年に始まる大坂の陣で、徳川方についた父・可重の逆鱗に触れて廃嫡され、京都に隠棲、しばらくして剃髪し、「宗和」と名乗った。そして、鹿苑寺住持の鳳林承章を中心とする文化サロンの一員となり、公家・武家・町人らとの交流を深め、寛永文化の担い手となった。優美で上品な宗和の茶は「姫宗和」と呼ばれ、公家をはじめ広く人々に親しまれた。

本書状は、茶席の掛物に関する大納言からのお尋ねに対して、宗和が返答したものである。昨日書状が届いたが、宗和の帰宅が夜更けになり、また朝方いた家来も姿が見えなかったため、大納言に近侍する小姓衆を通して答えることにした。宗和は、大納言が考える通り歌仙を三幅一対で掲げるのは良しとするが、絵の内容については助言を加えている。

追伸（追而書・尚々書）は、本文余白に書かれ、収まりきらない時には本文の行間に書く。これを行間書という。本状では冒頭から行間書となっている。

【くずし字解説】

難解な書状ですね。こういう時は、似たくずしを文面から探してみる方法が有効です。

画像①最後の行

画像②二行目

画像②四行目

最初の二つは同じ字形ですね。最後は「御さある」ですが、「さ」は、はっきりとわかります。それで最初の二つが「御さ候」と読み解けるのです。

画像①四行目

画像①九行目

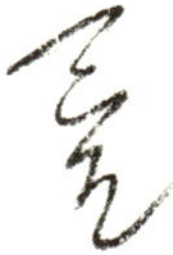

最初のは「被下候」です。とすれば二番目は「可」の次に同じくずしが書かれています。

したがって「可被下候」となります。

古田織部書状①

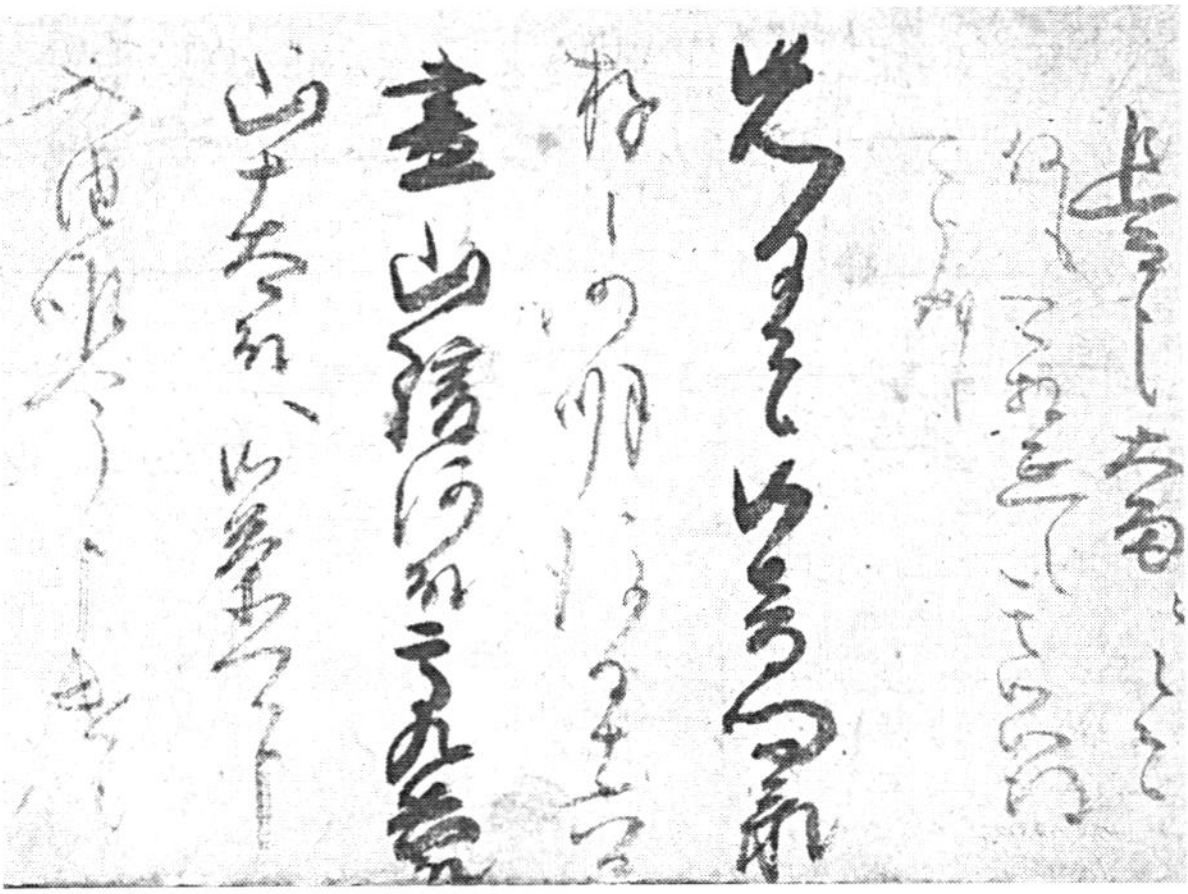

解読文

追而申候　大雨ニ候者
何も可相延候　其御心得
可被成候
先日者御音問忝
存候　仍明後日十六日
昼　山駿河殿高九兵殿
山十太殿へ御茶可申
入由昨今申遣候

［現代表記］

追て申候。大雨に候はば
何れも相延ぶべく候。其の御心得
成さるべく候。
先日は御音問忝く
存じ候。仍って明後日十六日
昼、山駿河殿・高九兵殿・
山十太殿へ御茶申し
入るべき由、昨今申し遣わし候。

音問→便り。戸田氏鉄から書状が届いたことをいう。

古田織部書状②

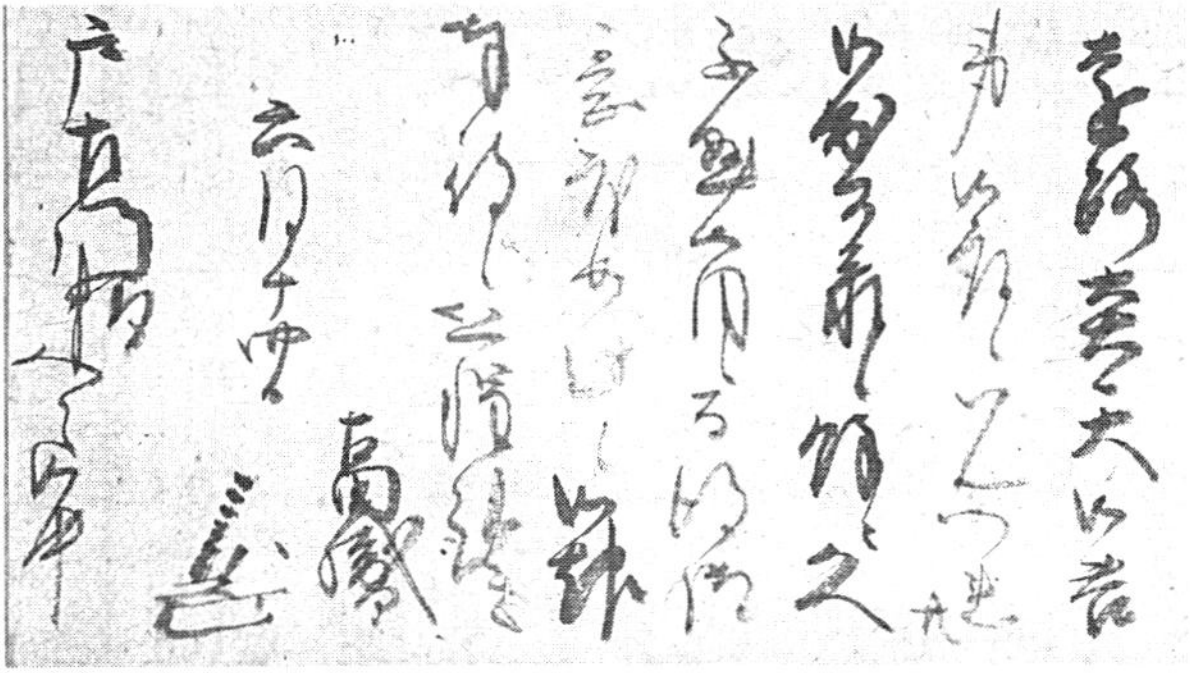

解読文

遠路炎天御苦
労御座候はんつれ共
御出可忝候　余ニ久
不懸御目候而得御
意度如何候　御報
奉待候　恐惶謹言
古田織部
六月十四日　重然（花押）
戸左門様
人々御中

［現代表記］

遠路炎天御苦
労御座候はんつれども、
御出忝くべく候。余に久しく
御目に懸けず候て御
意得度、如何候。御報
待ち奉り候。　恐惶謹言
古田織部
六月十四日　重然（花押）
戸左門様
人々御中

御報→お返事。茶会参加について、氏鉄からの返答のことを指す。

【作品解説】

古田織部重然（一五四三～一六一五）は、戦国時代から江戸時代にかけて活躍した武将であり、茶人としても名を馳せた。千利休の高弟である利休七哲の一人に数えられ、利休死後は、天下一の茶人として、茶道界に旋風を巻き起こした。茶道を通じて広く公家・武家などと交流を深め、将軍徳川秀忠の指南役にもなった。しかし、大坂夏の陣に際して豊臣方への内通が疑われ、慶長二十（一六一五）年六月十一日に、伏見屋敷にて切腹した。

本状では、織部が近江国膳所藩主の戸田左門氏鉄に対して、十六日昼に山駿河（山口駿河守直友）・高九兵（高木九兵衛正次？）・山十太（山田十大夫重利）らと催す茶会にて、久方ぶりに親睦を深めることに期待を示す。ただし追而書に、大雨の時は茶会を延期すると伝えている。書状の作成年代は、山口直友が駿河守に任官された慶長九（一六〇四）年以降だが、氏鉄の妹が直友の妻となる慶長年間後半のものだろうか。

古田織部の書風は、字形を崩し斜め書きした個性的な「傾きの書」と、整然とした「謹直の書」があるが、本状は後者に分類される。

【くずし字解説】

料紙の袖部分に書かれているので、追伸（追而書）の文章であることがわかります。したがって「追而」（おって）と読み、次は「申」です。しかし、「申」は終筆部分が心持ち上にはねています。これは「候」なのです。したがって「追而申候」となります。

これは「忝」（かたじけない）なのですが、よく似たタイプの漢字として「承」（うけたまわる）と「参」（まいる）の異体字があります。羕→「承」　叅→「参」　どうですか。「忝」のくずしとセットで見分けられるようにしてください。

古田織部は、実名を古田重然といいます。織部の他の書状でもこのくずしが見られ、「重然　花押」と解読しています。とても読めるしろものではありませんね。

伊達政宗書状

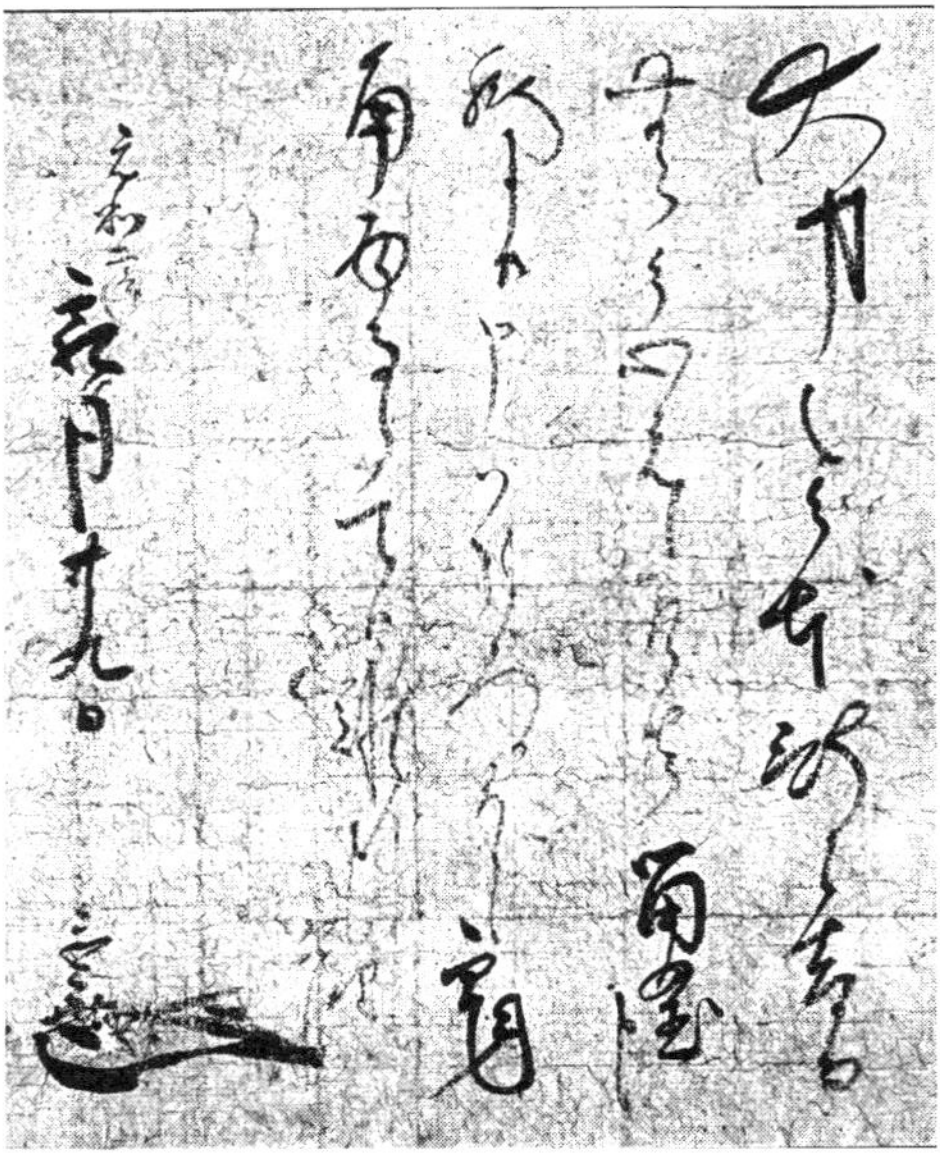

捻封（ひねりふう）上書

解読文

大事之御本預候　却而
無御心元候　乍去留置　申候
辱共申ハおろかにて候　兎
角面ならてハ難申候　恐惶謹言
元和二年（異筆）
霜月廿九日　政宗（花押）
（捻封上書）
松陸奥守
（墨引）　細内様　政宗
御返酬

［現代表記］

大事の御本預り候。却て
御心元なく候。去ながら留め置き申し候
辱きども申すはおろかにて候。兎
角面ならでは申し難く候。恐惶謹言
元和二年
霜月二十九日　政宗（花押）
（捻封上書）
松陸奥守
（墨引）　細内様（細川忠利）　政宗
御返酬

【作品解説】

伊達政宗（一五六七〜一六三六）が、細内（細川内記）すなわち細川忠利に宛てた書状である。政宗は東北地方（出羽国・陸奥国）の戦国大名で、伊達氏の第十七代当主。江戸時代に入ると仙台藩初代藩主となり、その居城は仙台城、雅称で「青葉城」とも呼ばれる。幼少時に患った疱瘡で右目を失明し、隻眼となったことから、後世「独眼竜」とも呼ばれた。

宛先の細川忠利は、加藤清正の子が改易された後、熊本藩主となった細川家の当主で、父は細川忠興（一五六三〜一六四六）、母は明智光秀の娘（細川ガラシャ）である。

この書状は、短い文章で判読し難い部分もあるため、詳細は不明であるが、大事な書物を細川忠利から借用した伊達政宗が、本の返却の遅れを詫びている。「元和二年」（一六一六）の文字は、本文と筆跡が異なっており（異筆）、後に、この書状を保管する過程で書き加えられたものであろう。「松陸奥守」は「松平陸奥守」を、「細内」とは「細川内記」を省略した書き方である。

この元和二年が正しければ、この年の四月に政宗は、参勤交代で江戸に入っているので、この細川忠利との本の貸借は、江戸在府中に行われたようである。

【くずし字解説】

「霜月廿九日」の右上に薄く小さな字「元和二年」と書かれています。これは、原文では月日だけ書いてあったのを、文書を管理する者が年号を書き加えた可能性が高いと思われます。このように、発給者とは別の者が加筆することがよくありますが、解読では（異筆）（他筆）と表記します。

だいたい書状には、月日を書けば事足りるので、元号年まで書き添えることはありません。裁判での証拠物件などのように、後々のため保存しておくべき必要がある場合は、年月日をきちんと書くことがあります。

これは伊達政宗の花押です。政宗の花押は、いろいろな種類があり、また何回かの変化を遂げています。花押を多く残している人物だと、花押の形から述作年代を割り出すことが、ある程度可能になります。

松尾芭蕉書状①

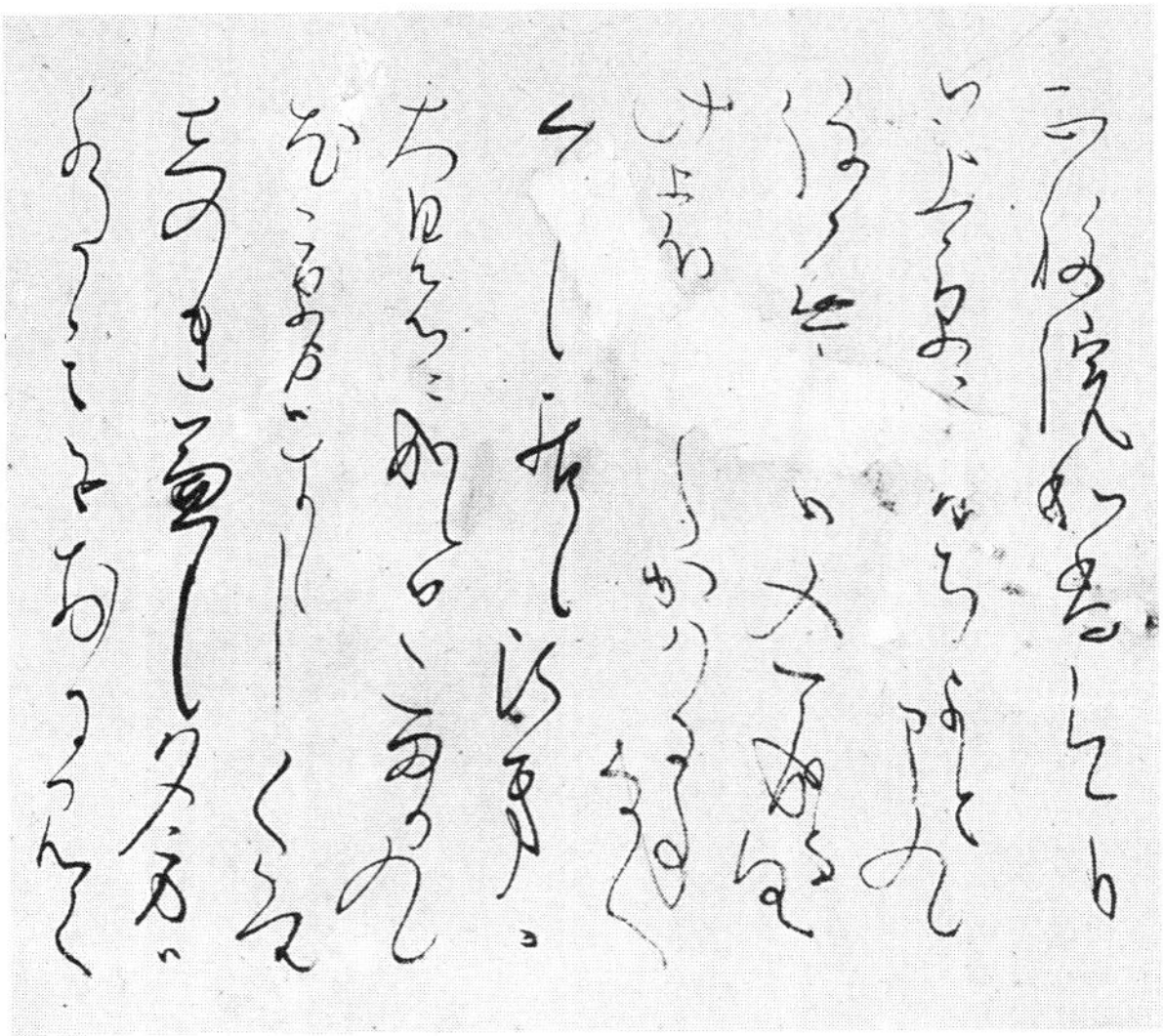

巻頭写真ⅷページ参照

解読文

正称院和尚今日
御上京被成候ちよと申入候
弥々無□□□(之候はカ)又可被成と存候
此上ほ□(だカ)しかハる事なく
く□(らカ)し居候　次第ニ
大暑ニ成候而こまり入候
尤京台ハすすしく候へ共
しのき兼申候夕方ハ
水うみをおか見て

[現代表記]

正称院和尚、今日
御上京なられ候。ちよと申入候。
いよいよこれ無く候は、又なさるべしと存じ候。
此上ほだしかはる事なく
くらし居候。次第に
大暑に成候て、こまり入候。
もっとも京よりはすずしく候へども
しのぎ兼申候。夕方は
水うみをおがみて

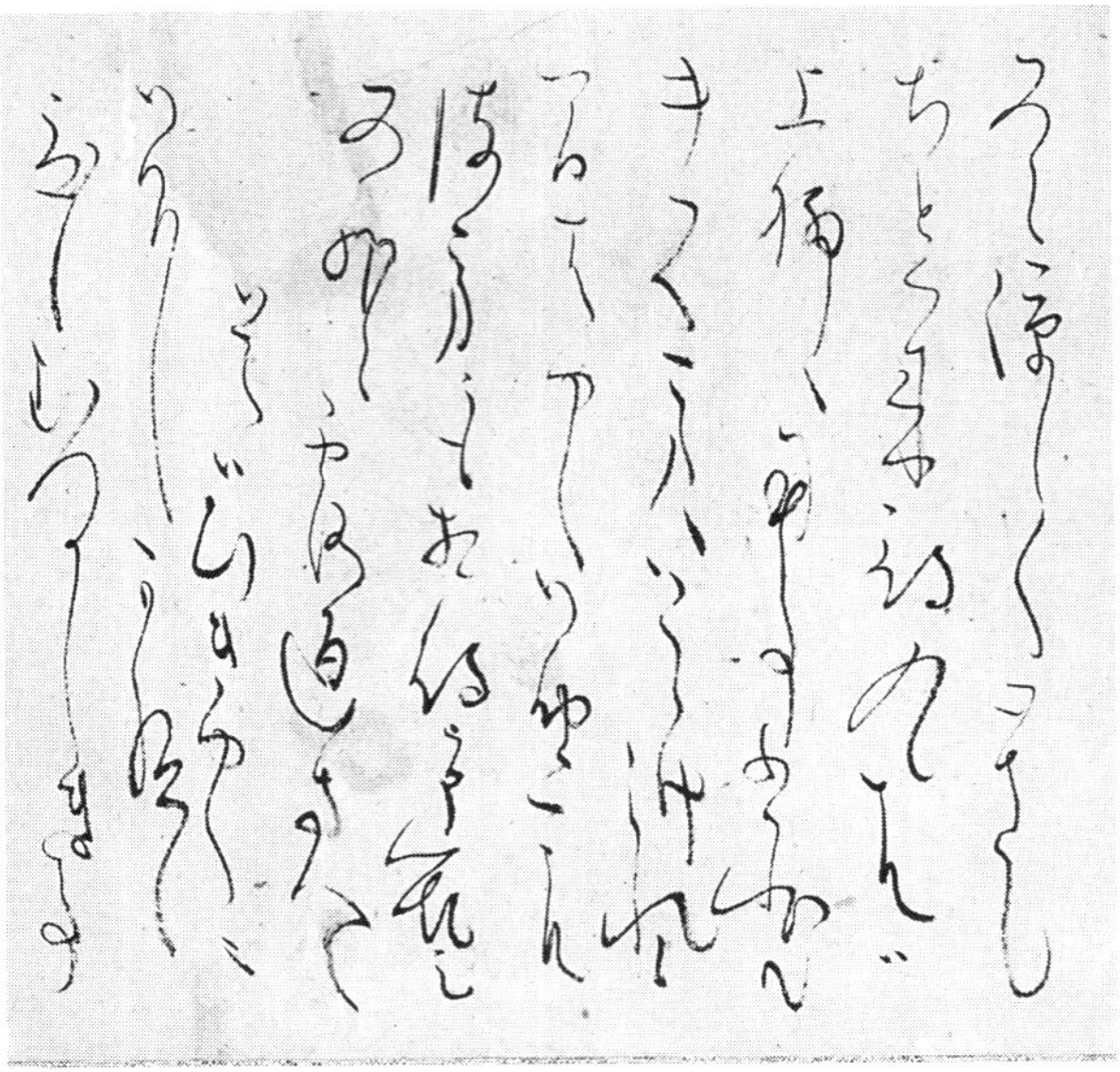

松尾芭蕉書状②

巻頭画像viiiページ参照

解読文

又々涼しく御さ候
ちとく来待入候さてハ
上栖へ用事書状共
きく方へとゝけられ候
間はやく御届可被下候
彼方ニも相待被申筈ニ候
又抑々露迫方へは
□□とく御ひきやくニ
御下し可給候
度々むつかしき事

［現代表記］

又々涼しく御ざ候。
ちとく来待入候。さては、
上栖へ用事書状とも
きく方へとどけられ候。
間、はやく御届下さるべく候。
彼方にも相待申さる筈に候。
又抑々露迫方へは
□□とく御ひきゃくに
御下し給うべく候。
度々むつかしき事

松尾芭蕉書状③

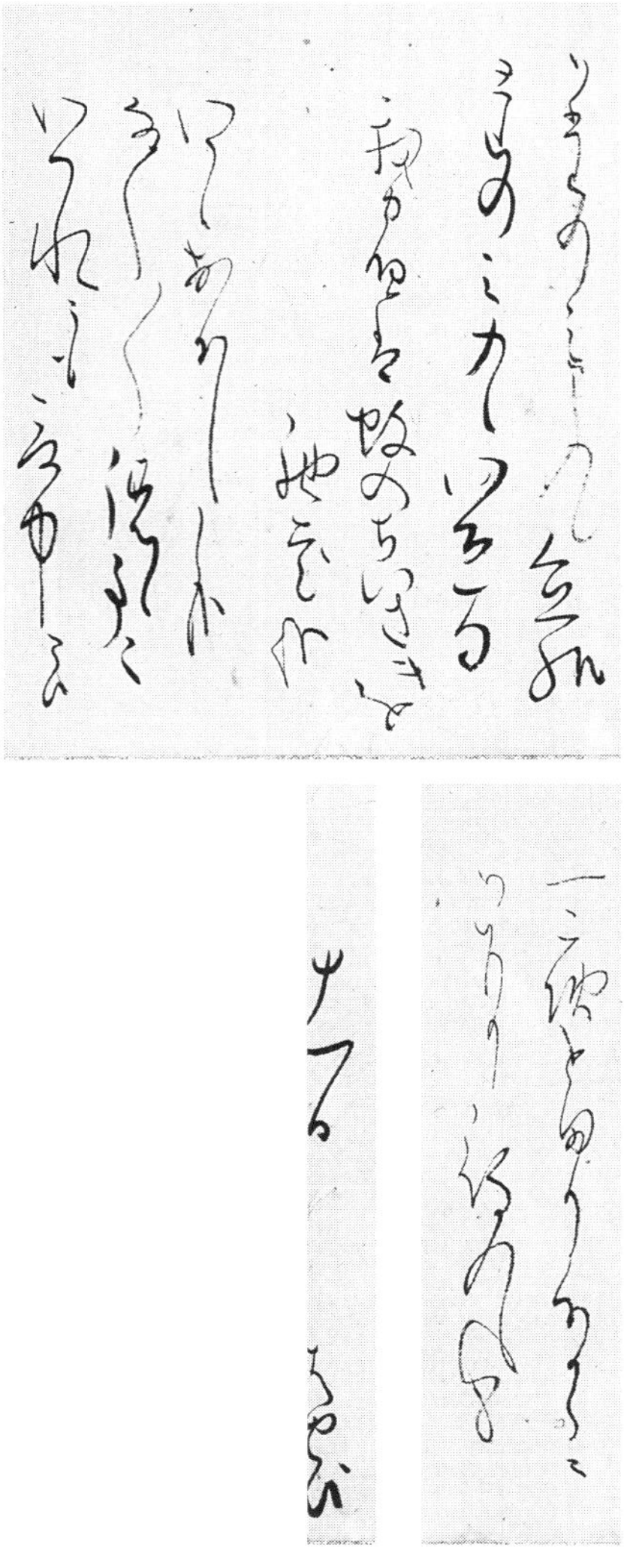

巻頭画像viiiページ参照

解読文

御たのみ申入候宜様
たのみ入候いま一句
我宿は蚊のちいさきを
　　　馳走哉
いかかおハし候哉
なく〳〵認候事ニ候
いつれニも夏中ニハ
一夜とまりなからニ
御下り待入候　以上
十一日　　　はせを

［現代表記］

御たのみ申入候。宜様
たのみ入候。いま一句
我が宿は　蚊のちいさきを
　　　馳走かな
いかがおはし候や。
なくなく認め候事に候。
いづれにも夏中には、
一夜とまりながらに
御下り待入候。以上
十一日　　　はせを

【作品解説】

松尾芭蕉（まつおばしょう）（一六四四〜一六九四）は、江戸時代前期の俳諧師で、旅をしながら『野ざらし紀行』『笈（おい）の小文（こぶみ）』『更科（さらしな）紀行』『奥の細道』といった多くの作品を残し、「旅の詩人」「漂泊の詩人」と呼ばれ、「俳聖（はいせい）（俳諧の聖）」などとも称されている。

伊賀上野（現・三重県伊賀市）に生まれ、若くして武家へ奉公に出たというが、青年時代までの事跡には不明な部分が多い。二十九歳（寛文十二年）の時に江戸に下り、数年後には弟子をとり、芭蕉の一派（蕉門派）が成立したと考えられている。芭蕉の書状は、現在二百通以上が確認されている。

この書簡には、年月がなく、軸装に仕立てられていて、前・後部分が欠損している。ただ、文中に認（したた）められた「我宿は蚊のちいさきを馳走かな」の一句は、『奥の細道』の旅を終えた翌年夏に、琵琶湖に近い国分山幻住庵（こくぶやまげんじゅうあん）に滞在中書かれたものと推測されている。

芭蕉は、元禄二（一六八九）年三月（現在の暦では晩春）に、みちのくへの旅に出、同年八月に岐阜県大垣の地を旅の最終地点としている。その後、伊勢神宮に参詣し、故郷の伊賀上野に滞在、その年末には伊賀から京都へ、そして弟子が迎える膳所（ぜぜ）（滋賀県）に向かった。

この書簡は、この頃に書かれたものであろう。

実は、ここに書かれている一句は、これまで芭蕉の句を集めた伊藤風国撰の『泊船集』という句集が典拠となっている。伊藤風国（?〜一七〇一）は、京都の医師で通称は玄恕。自らも句集『初蝉』を出版している。芭蕉の最初の作品集である『泊船集』の編者として、蕉風の伝承に貢献した功労者でもある。これまで、その『泊船集』でしか確認されていなかった芭蕉の句が、この書簡に記されているのである。

これまで句の内容から、幻住庵に来客（秋之坊）を迎えて、心から歓迎する喜びを詠んだものとされてきたが、この書簡の内容からは、「しのぎ難い暑さであるが、夕方になれば湖（琵琶湖）を眺めて涼しさを感じている」といった近況とともに、末尾には、「この夏の間に、一晩泊まりながら我が家を是非訪れて欲しい」という芭蕉の気持ちが綴られている。

こうしたことから、この句は、客人を迎えた喜びではなく、訪問を待ちわびつつ、客人を迎える自らの住居を、あらかじめユーモアを交えて伝えたものである可能性がある。たいへん興味深い書簡である。

【くずし字解説】

①の七行目 

「ゟハ」（よりは）と書いています。この「ゟ」は、「よ」と「り」を合わせたもので、合字（ごうじ）といいます。解読する時は「より」とせず、そのまま「ゟ」と書きます。合字には、次のようなものがありますので、押さえておいてください。ヿ（こと）、〆（として）、𪜈（トモ）、𬼀（トキ）などです。

②の二行目 

「さてハ」と読みます。「さ」の終筆が省略され、「て」とつながっているのです。このような例は、むしろ （こと）のように、「こ」の終筆が省略されるくずしの方がよく見かけます。

留意しておきたい漢字としては、③の三行目 →「蚊」（虫偏）と、四行目の →「馳走」（馬偏）です。標準的な馬偏は  のようになります。

本書に掲載した作品リスト

Ⅰ　木版刷りの中の文字を読む

P18　「教訓親の目鑑　正直者」　喜多川歌麿　享和二（一八〇二）年頃
P22　「教訓親の目鑑　憎振」　喜多川歌麿　享和二（一八〇二）年頃
P26　「みかけハこハゐがとんだいゝ人だ」　歌川国芳　弘化四（一八四七）年
P30　「誠忠義士伝　大星由良之助良雄」　歌川国芳　弘化四（一八四七）年
P36　「誠忠義士伝　大星力弥良兼」　歌川国芳　弘化四（一八四七）年
P42　「誠忠義士伝　小野寺重内秀知」　歌川国芳　弘化四（一八四七）年
P48　中村梅花の「小野小町」　春梅斎北英　天保五（一八三四）年頃
P52　二代目中村芝翫の「在原業平」　春梅斎北英　天保五（一八三四）年頃

Ⅱ　天皇の「宸翰」の世界にふれる

P60　宸翰「拾遺和歌集」第12断簡　伏見天皇［重要美術品］　鎌倉時代末期
P72　宸翰「新古今和歌集」　後土御門天皇［重要美術品］　室町時代
P76　宸翰「和漢朗詠集」　後柏原天皇［重要美術品］　室町時代

P80　宸翰「御製歌」後奈良天皇［重要美術品］室町時代
P84　宸翰「続千載和歌集」「風雅集」正親町天皇［重要美術品］室町時代
P88　宸翰「金葉和歌集」後陽成天皇［重要美術品］桃山時代
P92　宸翰「新古今和歌集」後水尾天皇［重要美術品］江戸時代
P96　宸翰「源氏物語」後西天皇［重要美術品］江戸時代
P100　宸翰「続千載和歌集」霊元天皇［重要美術品］江戸時代

Ⅲ　歌集と物語の内容をあじわう

P108　『相模集』藤原定家奥書［重要文化財］嘉禄三（一二二七）年
P120　『うそ姫物語』作者不詳　慶長年間（一五九六－一六一五）頃写
P132　『日蓮大聖人御伝記』作者不詳　延宝九（一六八一）年版

Ⅳ　書状のくずし字を読み解く

P142　「後院庁下文写」保元二（一一五七）年
P150　「書状」毛利輝元　天正六（一五八〇）年
P154　「書状」千利休　桃山時代
P158　「書状」金森宗和　江戸時代前期

P164「書状」古田織部　江戸時代前期
P170「書状」伊達政宗　元和二（一六一六）年十一月二十九日付
P174「書状」松尾芭蕉　江戸時代前期

画像提供：©東京富士美術館イメージアーカイブ／DNPartcom
※『日蓮大聖人御伝記』のみ、小林正博所蔵
協力：アオヤマ・フォト・アート（藤井達雄）、礒貝衛写真事務所

執筆者略歴

小林正博　古文書解読検定協会代表理事　東京富士美術館評議員　日本古文書学会会員　立正大学大学院修了　博士（文学）
解読文・くずし字解説

陣内由晴　日本古文書学会会員　中央大学法学部卒業
全体編集・第Ⅰ章担当

山本美紀　創価大学文学部助教　日本古文書学会会員　創価大学大学院修了　博士（人文学）
第Ⅱ章担当

梶川貴子　古文書解読検定協会理事　創価大学文学部助教　日本古文書学会会員　創価大学大学院修了　博士（人文学）
第Ⅲ章担当・第Ⅳ章「後院庁下文写」

古角相子　早稲田大学第一文学部卒業
第Ⅲ章「相模集」

小林　央　古文書解読検定協会理事　八王子市郷土資料館学芸員　明星大学非常勤講師　日本古文書学会会員　東海大学大学院修了　文学修士
第Ⅳ章担当

田村正孝　大手前大学史学研究所研究員　大阪大学大学院修了　博士（文学）
解読文・第Ⅳ章「毛利輝元」「千利休」「金森宗和」「古田織部」

潮新書 009

読めれば楽しい！ 古文書入門

2017年 3月20日 初版発行
2018年 1月26日 4刷発行

編　者｜ 小林正博
発行者｜ 南　晋三
発行所｜ 株式会社潮出版社
〒102-8110
東京都千代田区一番町6　一番町SQUARE
電話 ■ 03-3230-0781（編集）
■ 03-3230-0741（営業）
振替口座 ■ 00150-5-61090

印刷・製本｜ 株式会社暁印刷
ブックデザイン｜ Malpu Design

ISBN978-4-267-02082-7